攀西民族地区
乡村人才振兴：抓实第一资源

张勤　李玲　张旭辉　付丽萍　著

西南财经大学出版社

中国·成都

图书在版编目(CIP)数据

攀西民族地区乡村人才振兴:抓实第一资源/张勤
等著.--成都:西南财经大学出版社,2023.12

ISBN 978-7-5504-6067-6

Ⅰ.①攀… Ⅱ.①张… Ⅲ.①民族地区—农村—社会
主义建设—人才培养—研究—四川 Ⅳ.①F327.71

中国国家版本馆 CIP 数据核字(2023)第 256454 号

攀西民族地区乡村人才振兴:抓实第一资源
PANXI MINZU DIQU XIANGCUN RENCAI ZHENXING:ZHUASHI DIYI ZIYUAN
张勤 李玲 张旭辉 付丽萍 著

策划编辑:李邓超
责任编辑:杨婧颖
责任校对:雷 静
封面设计:墨创文化 张姗姗
责任印制:朱曼丽

出版发行	西南财经大学出版社(四川省成都市光华村街55号)
网 址	http://cbs.swufe.edu.cn
电子邮件	bookcj@swufe.edu.cn
邮政编码	610074
电 话	028-87353785
照 排	四川胜翔数码印务设计有限公司
印 刷	成都市金雅迪彩色印刷有限公司
成品尺寸	170 mm×240 mm
印 张	11
字 数	179 千字
版 次	2024 年 7 月第 1 版
印 次	2024 年 7 月第 1 次印刷
书 号	ISBN 978-7-5504-6067-6
定 价	78.00 元

总序

党的十八大以来，在以习近平同志为核心的党中央坚强领导下，怎样解决好"三农"问题始终为全党工作的重中之重。2017年10月，党的十九大报告将乡村振兴战略作为党和国家重大战略提出，这既是我国经济社会发展的必然要求，也是中国特色社会主义建设进入新时代的客观要求。2021年4月，第十三届全国人民代表大会常务委员会第二十八次会议通过《中华人民共和国乡村振兴促进法》，为全面指导和促进乡村振兴提供了法律保障。2022年10月，党的二十大报告进一步提出要"全面推进乡村振兴"，明确把乡村振兴战略作为"构建新发展格局，推动高质量发展"的一个重要方面进行了系统部署，并提出全面推进乡村振兴要主动服务、融入和支撑全体人民共同富裕的中国式现代化。2023年作为全面贯彻落实党的二十大精神的开局之年和加快建设农业强国的起步之年，全国各级各部门以习近平新时代中国特色社会主义思想为指导，全面贯彻落实党的二十大精神和中央经济工作会议、中央农村工作会议精神，加快构建新发展格局，着力推动高质量发展，扎实推进乡村发展、乡村建设、乡村治理等重点任务，为全面建设社会主义现代化国家开好局起好步打下坚实基础。

全面推进乡村振兴，加快农业农村现代化，对于全力推动巩固拓展脱贫攻坚成果再上新台阶具有重要意义。作为脱贫攻坚的"硬骨头""最短板"，民族地区依然是巩固拓展脱贫攻坚成果的重点区域。2022

年11月，国家民委等九部门联合印发《关于铸牢中华民族共同体意识，扎实推进民族地区巩固拓展脱贫攻坚成果同乡村振兴有效衔接的意见》，将民族地区乡村振兴作为铸牢中华民族共同体意识的重要路径，着眼于有效衔接，着力于促进各民族群众在实现乡村振兴进程中不断铸牢中华民族共同体意识，确保民族地区在铸牢中华民族共同体意识及巩固拓展脱贫攻坚成果和乡村振兴中不掉队，在共同富裕道路上跑出好成绩。

攀西地区是"攀枝花市"与凉山州首府"西昌市"两地名的合称，地处川西南地区，行政区划上包括凉山彝族自治州和攀枝花市两市州，共20个县，其中凉山州是全国最大的彝族聚居区。长期以来，受气候、地形地貌、历史等因素影响，该区域生态极其脆弱、经济发展水平不高，人民生活水平较低，社会发育程度低，社会不稳定因素多，交通基础薄弱。凉山州属于国家"三区三州"深度贫困地区，有彝、汉、藏、回、蒙等14个世居民族，少数民族人口约有311.85万，占总人口的57.94%，是四川省少数民族人口最多的地区。攀枝花市是全国唯一以花命名的城市，原名渡口市，1987年1月23日经国务院批准更名为现名，全市有43个民族，其中少数民族人口约17.5万。在习近平新时代中国特色社会主义思想指导下，作为全国脱贫主战场和多民族聚居地区之一，四川攀西地区在脱贫攻坚任务完成后必须适应新形势、新任务的转变，要把推进巩固拓展脱贫成果、扎实推动各民族共同富裕、不断铸牢中华民族共同体意识等重要行动同乡村振兴有效衔接，切实推进区域内乡村振兴战略全面深化和提质增效。

当前，学术界对乡村振兴战略的实质内涵、逻辑理路和实践进路等方面进行了深入研究，成果颇丰。但乡村振兴战略研究目前还存在研究视角重理论而轻实践，研究思路缺乏问题意识，研究方法缺乏系统性思维，研究内容分布不均衡等问题。在这样的背景下，作为四川省社会科学重大项目研究成果的"攀西民族地区乡村振兴系列丛书"付梓出版可谓恰逢其时,是社会科学工作者以实际行动将社科研究为民族地区乡村振兴服务落到了实处。该丛书汇聚了众多专家学者的智慧和经验,围绕乡村振兴"产业兴旺、生态宜居、乡风文明、治理有效、生活富裕"的总要求,立足攀西民族地区经济、政治、社会、文化和生态"五位一体"整体建设的实际情况和需求,将理论与实践相结合,以多元视角阐述乡村振兴的重要意义、发展现状及未来趋势与推进方向,旨在为攀西民族地区乡村振兴战略的深入实施提供有力的理论支持和实践指导。该丛书一套八部,约160万字,具有体系逻辑性强、现实指导性强和学科交叉性强等几大特点和优势。

一是体系逻辑性强。丛书按照乡村振兴的内在逻辑关系建立颇有创新特点的阐述体系,从理论到实践,从宏观到微观,构成了一个以乡村振兴战略的理论创新和实践分析为核心,乡村振兴区域特色发展路径为重点,以及促进乡村产业振兴、人才振兴、文化振兴、生态振兴和组织振兴"五位一体"总体布局为主线的"一心两翼五轴"体系架构。

"一心"指丛书以《攀西民族地区乡村振兴理论与实践》为核心,从理论逻辑和实践路径两方面进行宏观层面的分析与构建。这部书首先阐释了攀西民族地区实施乡村振兴战略的必要性和重大意义,接着深入分析了有关乡村振兴的理论。本书的重点在按照乡村振兴的五个要求,对攀西民族地区乡村振兴实践展开分析,并阐述五个振兴的内在逻辑以及对攀西民族地区乡村振兴的意义。同时还对国外乡村振兴理论和实践进行了参照透视,最后,对攀西民族地区乡村振兴的政策供给以及实施步骤进行了分析。

"两翼"指丛书以《攀西民族地区乡村振兴与康养小镇耦合协同发展研究》和《攀西民族地区乡村振兴特色发展路径研究》两部书为重点,分别选取攀西地区旅居康养与特色农业两大优势特色产业作为切入点，深入探析二者如何更好地与这一地区乡村振兴、城乡融合发展相契合。前一部书以系统论、系统耦合理论、协同论理论等相关理论为指导，在宏观层面，剖析攀西地区乡村振兴与康养特色小镇建设之间的内涵及特征，构建耦合发展整体研究框架，重点分析2017—2021年二者耦合协同发展的内在演变过程，从内生性揭示内在耦合机理。在中观层面，依据攀西地区乡村振兴与康养小镇建设耦合研究框架，评价二者耦合发展过程，构建各自的指标体系。在微观层面，通过调研数据分析小农户参与耦合乡村振兴与康养小镇建设，实现"小农户和现代农业发展有机衔接"的有效途径。后一部书结合攀西地区农业产业基础情况，探索攀西地区乡村振兴背景下特色农业发展路径、生态农业发展的路径、特色休闲观光农业发展路径、旅居康养发展路径以及开放路径、特色文化产业发展路径和品牌路径等内容，重点阐述了如何发挥区域优势，发展生态、休闲、观光等特色农业产业形态。

"五轴"是指丛书从"五个振兴"角度，分别论述攀西民族地区在产业、人才、文化、生态和组织领域统筹推进情况、应对策略和发展方向。其中《攀西民族地区乡村产业振兴：夯实发展根基》一书以构建具有攀西民族地区特色的绿色高效乡村产业体系为目标，通过系统深入的调查和研究，分析攀西民族地区农村产业发展的潜力、困境和主要发展路径。《攀西民族地区乡村人才振兴：抓实第一资源》一书针对当前攀西民族地区乡村振兴人才发展的困境与瓶颈，通过系统梳理当下攀西民族地区农业农村人才队伍建设和作用发挥等方面存在的问题及国内外乡村人才振兴的措施与启示，紧扣实施乡村振兴战略的现实需求，研究并提出攀西民族地区人才振兴体系、人才聚集的机制、人才振兴的路径、强化攀西民族地区乡村振兴人才支撑的对策措施。《攀西民族地区乡村文化振兴：筑牢精神基础》一书分别从攀西地区乡村公共文化服务体系建设、乡村文化特色产业发展、乡村传统文化保护、乡村生态构建四个维度，在调研基础上对攀西民族地区乡村文化建设概况进行评述，通过典型案例的剖析，总结成功经验，分析存在问题，进而提出相应发展路径，为攀西地区乡村文化振兴实践开展提供参考。《攀西民族地区乡村生态振兴：建设美丽乡村》一书以乡村生态振兴视角，结合攀西民族地区乡村生态振兴的建设实际，从乡村系统质量提升、农业资源合理利用与可持续发展、农业生产环境综合治理与绿色农业发展、农村生活环境综合治理、农村生态聚落体系建设、农村人居环境改善和生态资源利用与生态补偿等方面剖析了在攀西民族地区美丽宜居乡村建设的实施路径和政策建议。最后，《攀西民族地区乡村组织振兴：构建治理体系》一书则围绕乡村组织振兴，深入攀西民族地区开展实地调查研究，重点介绍乡村振兴与乡村组织振兴、乡村组织振兴发展历程与现状、乡村基层党组织建设、乡村基层政权建设、乡村自治实践、乡村德治建设、乡村法治建设与乡村人才队伍建设等方面内容。五部书各有特色，各有侧重，但又有密切逻辑关系。

二是现实指导性强。作为目前唯一一套全面梳理攀西民族地区乡村振兴发展现状和成效，并通过大量实地调研及案例分析，提出了一系列推动乡村振兴发展具体策略和方法的丛书，不仅为地区民族地区乡村振兴提供了理论分析与指导，还针对攀西民族地区的实际情况，深入挖掘了该地区的特色资源，从乡村经济建设、政治建设、文化建设、社会建设、生态文明建设和组织建设等多维度提出了全面推进乡村振兴的具体策略和方法。同时，每个板块均从理论基础、政策导向和实践经验层面开展论述，具有很强的地域针对性和实用指导意义，这使得丛书能够提供对攀西民族地区乡村振兴的独特见解和观点，不仅对于关注攀西民族地区乡村振兴的读者和学者具有很强的实用参考意义，也能为政府部门、企业和社会组织以及乡村工作人员提供政策决策支持和借鉴。

三是学科交叉性强。本丛书在注重专业性的同时突出了学科交叉性，涵盖了地理科学、环境科学、生态学、经济学、社会学、管理学和文化学等多个学科领域。如，丛书中的《攀西民族地区乡村组织振兴：构建治理体系》一书，运用了管理学、社会学和文化学的相关理论和方法，对乡村组织的构建、治理体系的完善等方面进行了深入研究，为读者提供了乡村组织振兴的实用方法和建议。同时，丛书借鉴了国内外涉及乡村振兴的多学科理论和实践应用经验，通过多学科的交叉融合，为读者提供了一个全面、深入的视角来理解和研究攀西民族地区乡村振兴问题。

总之，这套丛书具有较强的系统逻辑、实用指导性和学科交叉创新性等特点。丛书中的八部著作，各自独立而又相互联系，调查充分、视野开阔、资料翔实、案例实证性强，从不同角度，全面、深入、系统地揭示了攀西民族地区乡村振兴的理论内涵与实践路径。借此机会，向作者们表示热烈祝贺，为他们的创新精神热烈鼓掌。

民族要复兴，乡村必振兴。实现中华民族伟大复兴的中国梦，归根到底要靠 56 个民族共同团结奋斗。希望并相信这套丛书能对广大读者有所启示，对攀西民族地区的乡村振兴有所推动。同时，也期待广大读者和学者能对这套丛书提出宝贵的意见和建议，让我们共同为攀西民族地区的乡村振兴贡献智慧和力量。

是以为序，与读者共飨！

2023 年 12 月

前言

改革开放以来，在党和国家的领导和全国人民的共同努力下，我国乡村面貌发生了极大的变化，"三农"问题逐步得以解决。2020年我国脱贫攻坚战取得全面胜利，消除了绝对贫困，但乡村地区发展不平衡不充分的问题仍然存在。乡村振兴战略，是在巩固脱贫攻坚成果的基础上继续推进农业农村现代化的一项重要举措，是按照"产业兴旺、生态宜居、乡风文明、治理有效、生活富裕"的总要求对农村地区进行的全面建设。

现阶段我国正处于"两个一百年"奋斗目标的历史交汇期，乡村振兴战略对于促进共同富裕和民族发展意义重大，是应变局、开新局的关键举措。四川攀西民族地区作为我国西南多民族地区，在打赢脱贫攻坚战后，已将乡村振兴作为区域经济社会未来发展的战略目标。全面推进攀西民族地区乡村振兴，是深入实施四川"四化同步、城乡融合、五区共兴"战略部署的重要组成部分，对于树立民族地区共同富裕新标杆，铸牢中华民族共同体意识新典范，全面建设社会主义现代化攀西新篇章具有重要现实意义。

《国家乡村振兴战略规划（2018—2022年）》明确提出强化乡村振兴人才支撑，"实行更加积极、更加开放、更加有效的人才政策，推动乡村人才振兴，让各类人才在乡村大施所能、大展才华、大显身手"。

党的二十大报告也指出，"人才是全面建设社会主义现代化国家的基础性、战略性支撑。""十四五"发展时期，各地将推进乡村人才振兴作为一项重要举措，习近平总书记提出要"做好新时代人才工作""要推动乡村人才振兴，把人力资本开发放在首要位置，强化乡村振兴人才支撑""打造一支强大的乡村振兴人才队伍"。为盘活乡村自我发展能力，夯实乡村人才储备，中央出台了一系列推进农业农村发展的方针政策，为各地区乡村人才振兴和"第一资源"建设提供了方向指引，我国乡村人才队伍建设出现喜人变化——人才规模不断扩大，人才结构逐步改善，人才素质普遍提升，为我国实现乡村振兴和农业农村现代化提供了坚实的人力资源保障。

我们开展四川攀西民族地区人才振兴战略研究，旨在学习借鉴先进经验，结合本地区乡村振兴进程中的人才需求、人才政策、人才建设模式探索等实际情况，围绕"人才是乡村振兴的第一资源""四川攀西民族地区人才建设现状""抓实第一资源对乡村振兴的重要作用"三个核心问题开展研究，探索构建四川攀西民族地区乡村人才振兴的理论体系、实践机制和多维路径，为民族地区乡村振兴提供可复制、可借鉴、可推广的人才振兴范式，推动民族地区经济社会更好发展。

本书注重理论与实践相结合。一方面，理论是实践的先导。整体性治理理论、人力资本理论、胜任素质理论、推拉理论、场域理论等为人才振兴理论研究和制度落实奠定了理论基础。在全面推进乡村振兴的社会背景下，有关乡村人才振兴的理论研究成果不断丰富，研究视角越来越多样，已有文献资料能够为乡村人才振兴研究提供重要支撑。另一方面，实践是理论创新的现实基础。从全国范围来看，虽然我国乡村人才队伍的建设已经取得一定的成效，但与实现乡村振兴与农业现代化的总体需求之间仍存在较大差距。伴随各项政策和措施的出台，各地积极探索乡村振兴的新举措、新模式、新机制，已有了不少的成功经验，可为其他地区乡村人才振兴提供有益参考。除了汲取本土经验以外，分析国外乡村人才振兴的典型案例及特征，也能够为我们开发乡村人力资本，将人力资本转化为乡村发展动力提供有益启示。

本书注重普遍性与特殊性相结合。人才是乡村振兴的驱动要素。从乡村人才的类别来看，攀西民族地区乡村人才需求除了全国乡村"五类人才"共性以外，还对少数民族党政人才、农业经营管理人才、农业农村科技人才、新型职业农民、骨干教师、医护人才、旅游管理人才、文化艺术人才、电商人才等有特殊需求。从人才振兴措施方面来看，各地普遍通过丰富发展要素内涵、提高资源配置效率、开展技术推广转化、创新优化人才培养模式等途径为乡村发展提供驱动力。攀西民族地区在此基础上实施"村有专家、社有骨干、户有能人"乡土人才递进培养计划，以及"一村一品""一村一业"等人才计划，激发人才潜力，乡村人才队伍建设取得一定成效。从人才开发方面来看，除常规开发外，结合调研数据分析四川攀西民族地区乡村振兴中人才支撑存在的主要问题，明确人才振兴开发实施主、客体类别及人才培养模式，构建起全面培养、分类施策、"引育留用"相结合，具有可操作性的人才振兴体系，为民族地区乡村振兴提供全方位保障。

本书注重一般性和典型性相结合。结合四川攀西民族地区人才政策以及实践探索情况，为促进本地区创新人才发挥持续作用，本书提出构建"培育、引进、使用、集聚""四位一体"的、有益于人才集聚的人才振兴长效机制，贯穿乡村人才培养与使用的全过程，实现人才"引得进来""沉得下去""留得下来"。攀西民族地区冕宁县建设村的"引路人"、德昌县招来"归来燕"育出"田秀才"、仁和区红旗村社会力量服务的开展、米易县攀莲镇新乡贤队伍建设等乡村人才振兴等典型案例，为民族地区乡村人才资源建设提供了良好示范。

当然，乡村人才资源的引进、培养要因地制宜，根据各地区发展实际，坚持从乡村产业发展需求出发，有针对性、差异化地制定人才政策措施，为人才发展赋能。在理论分析和实际调研的基础上，本书提出涵盖宏观、中观、微观三个维度的乡村人才振兴对策，从方向上、方法上以及具体的策略上进行归纳和总结，旨在为人才开发实践开展提供多角度、立体化借鉴。

本书主要是由攀枝花学院张勤副研究员、李玲副教授、付丽萍副编审等主编。张勤副研究员负责撰写第一、二、四章，付丽萍副编审负责撰写第三章，曹利华教授负责撰写第七章，王欢教授负责撰写第五、六章，李玲副教授负责撰写第八章。全书由张勤副研究员完成统稿。此外，在撰写过程中，攀枝花学院张旭辉教授给予了大力支持并提出许多宝贵的修改意见，在此向其致以最诚挚的感谢！同时，本书借鉴和吸纳了已有的一些相关研究成果，在此对有关作者表示衷心感谢！另外，西南财经大学出版社为本书的顺利出版付出了大量辛勤劳动，在此表示衷心感谢！

本书尝试对四川攀西民族地区人才振兴进行初步探索，难免存在疏漏与不足之处，恳请读者和同行批评指正。

张勤

2023 年 10 月

于攀枝花学院静明湖

目录

第一章　乡村振兴中的人才振兴

国以才立，政以才治，业以才兴。习近平总书记深刻指出："综合国力竞争说到底是人才竞争。人才是衡量一个国家综合国力的重要指标。国家发展靠人才，民族振兴靠人才。"教育、科技、人才是全面建设社会主义现代化国家的基础性、战略性支撑。科技是第一生产力、人才是第一资源。

从中华民族伟大复兴战略全局看，党的十八大描绘了全面建成小康社会、加快推进社会主义现代化的宏伟蓝图，向中国人民发出了向实现"两个一百年"奋斗目标进军的时代号召，在中国共产党成立一百年时全面建成小康社会，在新中国成立一百年时建成富强民主文明和谐的社会主义现代化国家。党的十九大进一步清晰擘画了全面建成社会主义现代化强国的时间表、路线图，在2020年全面建成小康社会，在2035年基本实现社会主义现代化，在2050年左右把我国建成富强民主文明和谐美丽的社会主义现代化国家。我国是农业大国，没有农业农村的现代化，就没有整个国家的现代化。农业稳则国家稳，农业兴则国家兴。全面建设社会主义现代化强国最艰巨、最繁重的任务在农村，最广泛、最深厚的基础在农村，最大的潜力和后劲也在农村。党的十八大以来，以习近平同志为核心的党中央坚持把解决好"三农"问题作为全党工作的重中之重，提出"推动城乡发展一体化是解决'三农'问题的根本途径"，提出"实施乡村振兴战略，建立健全城乡融合发展体制机制和政策体系，加快推进农业农村现代化"，提出"坚持农业农村优先发展，坚持城乡融合发展，畅通城乡要素流动"，提出"全面推进乡村振兴，坚持农业农村优先发展，巩固拓展脱贫攻坚成果，加快建设农业强国，扎实推动乡村产业、人才、文化、生态、组织振兴，全方位夯实粮食安全根基，牢牢守住十八亿亩耕地红线，确保中国人的饭碗牢牢端在自己手中"等战略安排，明确实施乡村振兴战略的总目标是实现农业农村现代化，总方针是坚持农业农村优先发展，总要求是实现农村产业兴旺、乡风文明、生态宜居、治理有效、生活富裕，明确乡村振兴是包括产业振兴、人才振兴、文化振兴、生态振兴、组织振兴等五个方面的全面振兴。推进乡村振兴战略要着重抓好产业、人才、文化、生态和组织五个方面，这既是乡村振兴战略的目标任务，也是关键抓手和实施路径。而实现乡村全面振兴，人是最关键、最活跃、起决定性作用的因素，2018 年的中央一号文件明确提出："实施乡村振兴战略，必须破解人才瓶颈。要把人力资本开发放在首要位置，畅通智力、技术、管理下乡通道，造就更多乡土人才，聚天下人才而用之。"

一、乡村振兴需要乡村人才

实施乡村振兴战略的总要求，就是坚持农业农村优先发展，按照产业兴旺、生态宜居、乡风文明、治理有效、生活富裕的总要求，健全乡村人才工作体制机制，大力培养本土人才，引导城市人才下乡，推动专业人才服务乡村，吸引各类人才在乡村振兴中建功立业，培养造就一支懂农业、爱农村、爱农民的"三农"优秀人才队伍。人才是乡村振兴的基础，是实施乡村振兴战略的重要支撑和智力支持。

（一）乡村人才队伍现状

事业兴衰，关键在人。当前，乡村人才队伍总体上数量不足、结构不合理、质量堪忧，高层次、高素质人才匮乏，成为制约乡村振兴战略实施的瓶颈问题，也是乡村振兴需要迫切需要解决的短板问题。

一是农村人才流失严重。从 20 世纪 80 年代的农村改革开始，农业从集体生产方式转变为个体生产方式，极大地调动了农民的生产积极性，也解放了农村的劳动力，一些农村劳动力开始向城镇转移。随着城乡一体化的进程推进，农村基础设施建设不够完善，公共服务以及生产、生活环境发展滞后，创业环境差，资金、风险保障、技术服务等配套支持不足，大量农村青壮年劳动力外流，导致真正留在农村建设的人口及就业人员数量逐年下降。2020 年第七次全国人口普查数据显示，自改革开放以来，乡村人口占总人口的比重从 1978 年的 82.08% 下降至 2020 年的 36.11%；乡村人口总量从 1978 年的 7.9 亿下降到 2020 年 5.1 亿，乡村人口减少约 2.8 亿。随着乡村人口的流失，常年居住在乡村的人口逐步减少，村庄"空心化"严重，给农村经济发展带来不利影响，制约了我国农业现代化进程并直接影响到我国粮食安全。

二是乡村人才队伍整体素质偏低。2016 年第三次全国农业普查数据显示，在全国农业生产经营人员中，小学及以下文化程度的占 43.4%，初中文化程度的占 48.3%，高中或中专文化程度的占 7.1%，大专及以上的占 1.2%，可见，仅具有初中及以下文化程度的占 91.7%，而西部地区受教育程度最低，仅具有初中及以下文化程度的占 93.4%。乡村人才队伍的绝大部分文化程度不高，特别是少数民族聚居区人才文化程度相对更低，他们一般只参加过短期的技术培训，系统知识薄弱，对新技术、新信息的吸收、消化与接收能力不能适应乡村振兴建设要求，加之乡村人才结构不合理，乡村普遍缺乏经营型、管理型、技术型人才，这些因素直接影响着农业产业的发展提升。

三是乡村人才队伍后备力量不足。2020 年第七次全国人口普查数据显示，全国农业生产经营人员仅 31 422 万人，全国乡村 60 岁、65 岁及以上老人的比重分别为 23.81%、17.72%，比城镇分别高出 7.99、6.61 个百分点，农村人口老龄化问题严峻。受农村产业体系不健全，农业经济总体收益较低，工作环境艰苦，缺乏科学、系统的人才培养机制等因素的制约，"走出农村"依然是社会主流选择，新生代农民大多不愿从事农牧业生产，农村外出务工人员持续增加，农业技术人才、经营管理人才等各类乡村人才逐年减少，"谁来种地"的问题影响着乡村农业发展，而大学毕业生赴乡村就业的意愿不高，即使是从农村走出来的大学生毕业后也大都选择留在城市，不愿意返乡就业。乡村人才队伍无论是自给还是外部输入能力均明显不足，既"留不住"，也"引不来"。同时，乡村人才队伍建设在分配、激励、保障制度方面不够完善，人才待遇与业绩、贡献不相称，人才价值体现不充分。

（二）乡村振兴需要人才支撑

乡村产业要靠人才来干，文化要靠人才来兴，生态要靠人才来美，组织要靠人才来强。人才既是活力源泉，也是创新引擎。人才的入不抵出，已经制约了农村的发展，实现乡村振兴战略目标，当务之急是打造一支强大的乡村振兴人才队伍。2021年2月，中共中央办公厅、国务院办公厅印发《关于加快推进乡村人才振兴的意见》，就培养造就一支懂农业、爱农村、爱农民的"三农"工作队伍，为全面推进乡村振兴、加快农业农村现代化提供有力人才支撑提出具体要求，为构建满足乡村振兴需要的"五类"人才体系提出了指导意见。

一是加快培养农业生产经营人才。农业生产经营人才是指适应农业产业化发展和农村现代化建设的需要，能促进农业生产且具有一定经营管理知识或经营管理经验，能够通过自己的经营管理，把土地、资本、技术、信息等生产要素组织起来，持续为社会提供产品需要与服务，在农村经济发展过程中能够引领一方、带动一片的农村实用人才带头人，高素质农民，突出家庭农场经营者、农民合作社带头人。鼓励农民工、高校毕业生、退役军人、科技人员、农村实用人才等创办领办家庭农场、农民合作社。鼓励有条件的地方支持农民合作社聘请农业经理人。

二是加快培养农村二、三产业发展人才。实现我国新型乡村建设和农业农村现代化，需要培养一批适应一、二、三产业发展并想创新、敢创新、能创新的"三产合一"创新创业人才。他们应当是一批具有创新精神和创业能力，并基于科技创新、产品创新、品牌创新、服务创新、理念创新等方面能进行创业活动的复合型人才，包括农村创业创新导师队伍、乡村企业家队伍、农村电商人才、乡村手工业者、传统艺人等。

三是加快培养乡村公共服务人才。乡村公共服务人才是指具有管理服务能力和素质，可以积极服务于乡村教、卫、医以及美丽乡村建设等领域的乡土人才，包括乡村教师、乡村医疗卫生健康人才、乡村文化旅游体育人才、公共服务设施建设管护人才、乡村规划建设人才等。公共服务人才作为新型乡村建设的重要人力资源，在乡村振兴战略推进过程中发挥着独特而重要的作用。

四是加快培养乡村治理人才。"火车跑得快，全靠车头带。"乡村振兴的推进，必然离不开一批乡村治理人才作为"领头雁"的正确引导与组织管理。乡村治理人才包括乡镇党政人才队伍、村党组织带头人队伍、大学生村干部队伍、农村经营管理人才、乡贤、农村社会工作人才队伍和农村法律人才队伍等，他们是乡村振兴的中坚力量。

五是加快培养农业农村科技人才。农业农村科技人才是使农业农村发展真正受益于先进技术的力量支撑和促进乡村振兴的生力军，主要是指具备某种科技特长，掌握专门的知识或技能，并能够为乡村发展谋取直接利益和财富的人才，包括农业农村高科技领军人才、科技创新人才科技推广人才以及科技特派员队伍等，他们组成一批"土专家""田秀才""乡创客"。

2021年11月，《"十四五"农业农村人才队伍建设发展规划》（以下简称《规划》）发布。《规划》根据不同人才队伍的功能定位，把农业农村人才划分为主体人才、支撑人才和管理服务人才，共3类10支人才队伍。主体人才包括农村基层组织负责人、家庭农场主、农民合作社带头人等；支撑人才包括农业科研人才、社会化服务组织带头人、农业企业家、农村创业带头人等；管理服务人才包括农业综合行政执法人才、农村改革服务人才、农业公共服务人才等。《规划》进一步明晰了乡村振兴需要的农业农村人才体系，拟通过加强乡村人力资本开发，打造一支强大的乡村振兴人才队伍。

二、乡村振兴对乡村人才提出新的要求

推进实施乡村振兴战略，人才是关键。近年来，农村新产业新业态层出不穷，一、二、三产业加速融合，乡村振兴战略为了适应农村产业兴旺、乡风文明、生态宜居、治理有效、生活富裕的总要求，对农业农村专业技术人才队伍建设提出了新的更高要求。

（一）产业兴旺对乡村人才提出新要求

产业兴旺是乡村振兴的核心内容和物质基础，也是推进经济建设的首要任务。从目前来看，产业兴旺就是要以推进农业供给侧结构性改革，培育农村发展新动能为主线，加快推进农业产业升级，提高农业的综合效益和竞争力。乡村产业的兴旺与发展，必须依靠一大批"爱农业、懂技术、善经营、会管理、有道德、守纪律、有情怀、有担当"的乡村产业人才来支撑。

产业要兴旺，就要大力发展家庭农场、新型农民专业合作社、农业公司（农业小微企业）、种植养殖大户等新型农业经营主体。这就需要一批知识型、技能型、创新型的农业经营管理人才（农业职业经理人）来启

动、协调，还需要一批以农业为主业、以农业为主要收入来源，并具备较高水平的新型高素质职业农民来推动。

产业要兴旺，要坚持绿色生态导向，加快农业转型升级，做大做强优势特色产业，加强创新驱动、协调发展，大力推进技术集成创新，加强污染耕地修复治理，严格控制农药、兽药及各化学生长激素的使用，创建绿色、高质、高效农业示范区，实现生态农业基础上的现代化。这些都离不开农业科技人才的支撑。

产业要兴旺，还离不开农村电商这种新业态的支撑。所以，产业发展既需要懂电商，更需要懂农业和农产品，还要懂得农产品市场经营的农村电商人才。

（二）生态宜居对乡村人才提出新要求

生态宜居是提高乡村发展质量的保证，是生态文明建设的重要任务。党的十九大提出，加快生态文明体制改革，建设美丽中国。习近平总书记指出，新农村建设一定要走符合农村实际的路子，遵循乡村自身发展规律，充分体现农村特点，注意乡土味道、保留乡村风貌，留得住青山绿水、记得住乡愁。建设生态宜居的美丽乡村，就是要坚持走具有中国特色的绿色发展道路，坚持尊重自然、顺应自然、保护自然的生态文明理念，提倡保留乡土气息、保存乡村风貌、保护乡村生态系统，"像对待生命一样对待生态环境，统筹山水林田湖草系统治理"，维护好人与自然和谐共生的关系，让良好的生态环境成为乡村振兴的支柱。

在新农村建设规划方面，应以城乡一体化、城乡共同繁荣为目标，按照城乡融合的空间形态，将乡村纳入各类空间规划，在用地类型、标准、规划编制等方面保证多功能、新产业、新业态、新形态能够在乡村落地。积极尝试村庄宅基地、农房和闲置地对村外人和外部资本开放使用，在盘活宅基地资源的同时，显化乡村生态文化价值，提高资源配置效率，保障乡村内生发展能力。在农村人居环境改善方面，要加强农村突出环境问题综合治理，改善农村人居环境，重点做好垃圾污水处理、厕所革命、村容村貌提升，建设生活环境整洁优美、生态系统稳定健康、人与自然和谐共生的生态宜居美丽乡村。建设生态宜居的美丽乡村，需要一批具有绿色发展理念、掌握绿色生产技能、具有环境治理专业知识、善于经营绿色农业产业链的绿色农业带头人才和环境治理人才，以及包含规划、建筑、园林、景观、艺术设计等在内的乡村规划专业人才的支撑。

（三）乡风文明对乡村人才提出新要求

乡风文明是乡村建设的灵魂，是加强乡村文化建设的重要举措。中共中央、国务院印发的《乡村振兴战略规划（2018—2022年）》提出，要坚持以社会主义核心价值观为引领，以传承发展中华优秀传统文化为核心，以乡村公共文化服务体系建设为载体，培育文明乡风、良好家风、淳朴民风，推动乡村文化振兴，建设邻里守望、诚信重礼、勤俭节约的文明乡村。

健全乡村公共文化服务体系，需要留住乡村优秀传统文化，保证乡村传统特色文化能够代代相传，需要一批乡村工匠、文化能人、非遗传承人等本土技艺传承人才来支撑；不断提高乡民的文化素质，引导乡民树立正确的社会主义核心价值观，去除陋习，展现具有时代特色的乡村文化新貌，需要文化传播人才用有效的文化传播方式，针对广大乡民开展文化素质教育和进行文化熏陶。人才兴则乡村兴，人气旺则乡村旺。实现乡风文明，需要乡村培育挖掘乡土文化本土人才，并建立有效的激励机制，引导社会各界人士投身乡村文化建设。

（四）治理有效对乡村人才提出新要求

乡村治理是国家治理的基石，是加强农村政治建设的重要保障。治理有效要求建立健全党委领导、政府负责、社会协同、公众参与、法治保障的现代乡村社会治理体制，健全自治、法治、德治相结合的乡村治理体系；需要加强农村基层工作、农村基础工作"双基"工作，加强农村基层党组织建设，深化村民自治实践和村务监督组织，建设平安乡村；需要密切党群、干群关系，有效协调农户利益与集体利益、短期利益与长期利益，确保乡村社会充满活力、和谐有序。由此可见，乡村治理人才是基层的"细胞"，是基层建设的"一线力量"，建设一支文化程度高、思想活跃、眼界开阔、开拓创新意识强，以村"两委"干部为核心的乡村基层治理人才队伍是构建乡村治理新体系的重要支撑，也是提升乡村治理质量和效率的重要保障，是实现农民生活富裕的政治保证。

（五）生活富裕对乡村人才提出新要求

生活富裕是乡村振兴的目标。习近平总书记指出，共同富裕是社会主义的本质要求，是中国式现代化的重要特征，要坚持以人民为中心的发展思想，在高质量发展中促进共同富裕。实现共同富裕，关键在于实现农村富裕；农村富裕，关键在于各类农村人才富足。随着社会主要矛盾的变化，农民收入的不断增加，基础设施条件的不断改善，农民物质生活水平的不断提高，农民在民主、法治、公平、正义、安全、环境等方面的要求日益提升，他们对就业、教育、医疗、居住、养老、物流等方面的服务需求越来越多，要求也越来越高。实施乡村振兴战略，就是解决人民日益增长的美好生活需要和不平衡不充分的发展之间的矛盾的必然要求，是实现"两个一百年"奋斗目标的必然要求。发展是为了人民，发展也需要依靠人民，乡村振兴是一篇大文章，通过推动人才振兴，把青年人、"土专家"、"田秀才"等乡土人才培养起来，把乡村管理人才、高精尖的农技人才吸引到农村去，让他们把事业放在农村，把创业的激情留在乡村，乡村振兴才能真正走上富裕大道。因此，要发挥人才示范引领，把广大农民对美好生活的向往转化为参与乡村建设、发展乡村的热情和动力，把维护广大农民根本利益、促进广大农民共同富裕作为出发点和落脚点，将乡村振兴变成广大农民共同的责任和要求，乡村振兴才能行稳致远。

三、人才振兴是乡村振兴的关键因素

乡村振兴是涵盖经济、政治、文化、社会、生态文明五个方面的振兴，这五个方面是不可分割的有机整体，它们相互联系、相互作用、相互促进，与实施乡村振兴战略的产业兴旺、生态宜居、乡风文明、治理有效、生活富裕总要求一脉相承，其目的是增进农民福祉，实现农业强、农村美、农民富。乡村振兴，人才先行，人才是带动城乡间市场、资金、信息、技术等方面密切联动、深度融合的核心要素，推动乡村振兴，人才不可或缺，人才振兴是乡村振兴的重要组成部分，是乡村振兴的关键所在。

（一）产业振兴是乡村振兴的物质基础

乡村产业兴旺，能够提供更多的乡村就业岗位和拓宽农民增收渠道。推动乡村振兴，需要盘活乡村各种产业资源，发展现代农业，通过产品、技术、制度、组织和管理创新，提高乡村产业的良种化、机械化、科技化、信息化、标准化、制度化和组织化水平，推动农业、林业、牧业、渔业和农产品加工业转型升级，以此来不断提高农业创新力和竞争力，让农业经营有效益，成为有奔头的产业，让农民增收致富，让农民成为有吸引力的职业，让农村留得住人、成为安居乐业的美丽家园。实现产业振兴，加速乡村产业的创新升级，不但需要高素质的新型职业农民，也需要具有管理能力、善于经营、掌握农业技术的产业人才，以人才队伍助力产业振兴。

（二）人才振兴是乡村振兴的关键所在

"实施乡村振兴战略，必须破解人才瓶颈制约。"人才是实现农业农村现代化的关键要素。推动乡村振兴，必须培养、造就一支强大的人才队伍，特别是培养、造就更多懂技术、善经营、会管理的乡村振兴"新农人"，以人才振兴赋能乡村振兴，切实解决农村缺人手、少人才、留不住人等问题，凝聚乡村发展人气。

（三）文化振兴是乡村振兴的重要基石

文化是农村几千年发展历史的沉淀，文化振兴是实施乡村振兴的重要内容和力量源泉。推动乡村振兴，必须坚持既要"富口袋"又要"富脑袋"。要加强乡民思想道德建设和乡村公共文化建设，大力挖掘乡村文化功能，提升乡村文化价值，增强乡村文化吸引力，不断提高乡村社会文明程度。文化振兴需要乡村人才，乡村人才既是本土特色文化的继承者，也是本土优秀文化的传播者，是文化振兴的精神支撑和智力支持。

（四）生态振兴是乡村振兴的内在要求

良好生态环境是农村实现发展的最大优势和宝贵财富，是乡村高质量发展与可持续发展的重要支撑。乡村振兴，必须坚持走绿色发展道路，统筹经济发展与环境保护，在为乡村培育良好生态环境的同时，推进乡村自然资源加快增值，构建人与自然和谐共生的乡村发展新格局。生态振兴需要具有绿色发展理念和生态环境保护意识，同时又熟悉绿色生产技能的专业人才来推动。

（五）组织振兴是乡村振兴的根本保障

推动乡村振兴，必须加强农村基层党组织建设，推进组织振兴，通过基层党组织把广大农民群众凝聚起来，形成强大合力，确保乡村社会充满活力、安定有序。从农村选拔并广泛从乡村外吸纳思想观念先进、综合素质良好、亲和力强的人才加入农村基层党组织，充实基层干部队伍，建设一支作风优良、忠诚担当，具有较强基层治理能力的乡村事务掌舵人和领航者，将各项乡村振兴的举措落实到位，使广大乡村群众真正体会到乡村振兴战略带来的幸福感、获得感。

由此可见，乡村振兴是产业、人才、文化、生态、组织五个方面振兴的全面振兴，五个方面不可割裂，不能顾此失彼，它们相互联系、相互作用、相互促进，必须注重协同性、关联性，整体部署、协调推进。乡村产业要靠人才来干，乡村文化要靠人才来兴，乡村生态要靠人才来美，乡村组织要靠人才来强，五个方面的振兴都需要依靠人去建设与发展，五个方面的振兴都离不开人才要素的支撑。人才振兴是实现乡村振兴战略目标的第一步，是乡村振兴的关键所在。只有建设一支数量充足、素质较高、结构合理的乡村人才队伍，才能推动乡村振兴战略总体目标的达成。

第二章　人才振兴的政策与理论基础

当今世界，各行各业的竞争，归根结底都是人才的竞争，尤其是高素质、高水平人才的竞争。培养造就大批德才兼备的高素质人才，是国家和民族长远发展大计。实施乡村振兴战略，是以习近平同志为核心的党中央从党和国家事业发展全局出发对"三农"工作做出的重大决策部署，对实现中华民族伟大复兴，传承和弘扬中华农耕文明，构建人与自然和谐共生的乡村发展新格局，促进城乡融合发展，增进农民福祉等具有重大而深远的意义。人才是赋能乡村振兴的源头活水，发展农业、振兴乡村，必须培养造就一批扎根农村的"土专家"、"田秀才"、农业职业经理人、经纪人等"三农"人才，让各类人才在农村广阔天地大施所能、大展才华、大显身手，为农业农村发展打下深厚的基础。

一、习近平总书记关于人才的重要论述

党的十八大以来，习近平总书记围绕如何识才、爱才、育才、用才，以及人才工作体制机制改革等问题，提出了一系列新思想、新要求，为新时代做好人才工作指明方向和路径。

（一）人才重要性论述

1. 2014 年 9 月 9 日，习近平总书记同北京师范大学师生代表座谈时的讲话

当今世界的综合国力竞争，说到底是人才竞争，人才越来越成为推动

经济社会发展的战略性资源，教育的基础性、先导性、全局性地位和作用更加突显。"两个一百年"奋斗目标的实现、中华民族伟大复兴中国梦的实现，归根到底靠人才、靠教育。源源不断的人才资源是我国在激烈的国际竞争中的重要潜在力量和后发优势。

2. 2015 年 3 月 5 日，习近平总书记在参加十二届全国人大三次会议上海代表团审议时的讲话

人才是创新的根基，创新驱动实质上是人才驱动，谁拥有一流的创新人才，谁就拥有了科技创新的优势和主导权。

3. 2016 年 4 月 19 日，习近平总书记在网络安全和信息化工作座谈会上的讲话

"得人者兴，失人者崩。"网络空间的竞争，归根结底是人才的竞争。各级党委和政府要从心底里尊重知识、尊重人才，为人才发挥聪明才智创造良好条件，营造宽松环境，提供广阔平台。

4. 2016 年 5 月 30 日，习近平总书记在全国科技创新大会、中国科学院第十八次院士大会和中国工程院第十三次院士大会、中国科学技术协会第九次全国代表大会上的讲话

我国要建设世界科技强国，关键是要建设一支规模宏大、结构合理、素质优良的创新人才队伍，激发各类人才创新活力和潜力。

5. 2018 年 2 月 10 日至 13 日，习近平总书记赴四川看望慰问各族干部群众时的讲话

发展特色产业、长期稳定致富，都需要人才。要培养本地人才，引导广大村民学文化、学技能，提高本领，还要移风易俗，通过辛勤劳动脱贫致富。

6. 2018 年 9 月 21 日，习近平总书记在十九届中央政治局第八次集体学习时的讲话

人才振兴是乡村振兴的基础，要创新乡村人才工作体制机制，充分激发乡村现有人才活力，把更多城市人才引向乡村创新创业。

7. 2021 年 9 月 27 日，习近平总书记出席中央人才工作会议上的讲话

我国进入了全面建设社会主义现代化国家、向第二个百年奋斗目标进军的新征程，我们比历史上任何时期都更加接近实现中华民族伟大复兴的宏伟目标，也比历史上任何时期都更加渴求人才。

综合国力竞争说到底是人才竞争。人才是衡量一个国家综合国力的重

要指标。国家发展靠人才，民族振兴靠人才。我们必须增强忧患意识，更加重视人才自主培养，加快建立人才资源竞争优势。

8. 2022 年 10 月 16 日，习近平总书记在中国共产党第二十次全国代表大会上的报告

教育、科技、人才是全面建设社会主义现代化国家的基础性、战略性支撑。必须坚持科技是第一生产力、人才是第一资源、创新是第一动力，深入实施科教兴国战略、人才强国战略、创新驱动发展战略，开辟发展新领域新赛道，不断塑造发展新动能新优势。

习近平总书记的论述强调了人才在综合国力竞争中至关重要的作用，明确指出在众多促进社会发展的要素中人才是"第一资源"。高素质的创新型人才不仅是科技强国的关键，也是中国从传统农业大国转型为现代农业强国的第一抓手。通过教育，自主培养服务于社会发展各个领域的"又红又专"的高素质人才，提升人才资源竞争力，是科教兴国的必由之路。通过创新人才工作体制和运行机制，营造人才发展环境，引导更多城市人才投身乡村创新创业，激发乡村人才创新创造活力，塑造发展新动能新优势，是当前人才工作的重中之重。

（二）集聚人才的论述

1. 2013 年 9 月 30 日，习近平总书记主持中共中央政治局第九次集体学习并发表重要讲话

要积极引进海外优秀人才，制定更加积极的国际人才引进计划，吸引更多海外创新人才到我国工作。

2. 2014 年 5 月 4 日，习近平总书记在北京大学考察时的讲话

要有凝心聚力办大事的自信，关键是要把最好的资源配置起来，让各类人才的智慧充分发挥，聚天下英才而用之，通过大家一个个人生梦、事业梦的实现，促进整个中国梦的实现。

3. 2014 年 6 月 9 日，习近平总书记在中国科学院第十七次院士大会、中国工程院第十二次院士大会上的讲话

知识就是力量，人才就是未来。我国要在科技创新方面走在世界前列，必须在创新实践中发现人才、在创新活动中培育人才、在创新事业中凝聚人才，必须大力培养造就规模宏大、结构合理、素质优良的创新型科技人才。

4. 2014 年 8 月 18 日，习近平总书记在中央财经领导小组第七次会议上的讲话

为了加快形成一支规模宏大、富有创新精神、敢于承担风险的创新型人才队伍，要重点在用好、吸引、培养上下功夫。……要学会招商引资、招人聚才并举，择天下英才而用之，广泛吸引各类创新人才特别是最缺的人才。

5. 2016 年 5 月 23 日，习近平总书记在黑龙江考察调研时的讲话

要加大人才培养和智力引进力度，完善人才激励机制，吸引更多人才为振兴发展服务。

6.《习近平著作选读》第二卷

乡村振兴要靠人才、靠资源。如果乡村人才、土地、资金等要素一直单向流向城市，长期处于"失血""贫血"状态，振兴就是一句空话。要着力抓好招才引智，促进各路人才"上山下乡"投身乡村振兴。

7. 2022 年 12 月 23 日至 24 日，习近平总书记在中央农村工作会议上的讲话

各级党委和政府要坚持本土培养和外部引进相结合，用乡村广阔天地的发展机遇吸引人，用乡村田园宜居的优美环境留住人。要引进一批人才，有序引导大学毕业生到乡、能人回乡、农民工返乡、企业家入乡，创造机会、畅通渠道、营造环境，帮助解决职业发展、社会保障等后顾之忧，让其留得下、能创业。

习近平总书记的论述强调了"聚天下英才而用之"的思想，通过完善人才激励机制、搭建人才职业发展平台、开发农村新产业新业态、打造乡村宜居环境等途径，积极引进海外优秀人才，引导国内各类人才到广阔的农村去，以事业凝聚人才，以实践锻造人才，以价值成就人才，不断推动人才发展与乡村振兴同频共振。

（三）用好人才的论述

1. 2013 年 6 月 28 日，习近平总书记在全国组织工作会议上的讲话

要树立强烈的人才意识，寻觅人才求贤若渴，发现人才如获至宝，举荐人才不拘一格，使用人才各尽其能。

2. 2013 年 7 月 17 日，习近平总书记在中国科学院考察时的讲话

要最大限度调动科技人才创新积极性，尊重科技人才创新自主权，大

力营造勇于创新、鼓励成功、宽容失败的社会氛围。

3. 2013 年 9 月 30 日，习近平总书记主持中共中央政治局第九次集体学习并发表重要讲话

要用好用活人才，建立更为灵活的人才管理机制，打通人才流动、使用、发挥作用中的体制机制障碍，最大限度支持和帮助科技人员创新创业。

4. 2014 年 8 月 18 日，习近平总书记在中央财经领导小组第七次会议上的重要讲话

为了加快形成一支规模宏大、富有创新精神、敢于承担风险的创新型人才队伍，要重点在用好、吸引、培养上下功夫……

5. 2017 年 12 月 28 日，习近平总书记在中央农业农村工作会议上的讲话

要培育挖掘乡土文化人才，开展文化结对帮扶，制定政策引导企业家、文化工作者、科普工作者、退休人员、文化志愿者等投身乡村文化建设，形成一股新的农村文化建设力量。

6. 2021 年 4 月 8 日，习近平总书记对深化东西部协作和定点帮扶工作作出的重要指示

要完善东西部结对帮扶关系，拓展帮扶领域，健全帮扶机制，优化帮扶方式，加强产业合作、资源互补、劳务对接、人才交流，动员全社会参与，形成区域协调发展、协同发展、共同发展的良好局面。

7. 2021 年 9 月 27 日，习近平总书记在中央人才工作会议上的讲话

要深化人才发展体制机制改革。要根据需要和实际向用人主体充分授权，发挥用人主体在人才培养、引进、使用中的积极作用。……要积极为人才松绑，完善人才管理制度，做到人才为本、信任人才、尊重人才、善待人才、包容人才。要赋予科学家更大技术路线决定权、更大经费支配权、更大资源调度权，同时要建立健全责任制和军令状制度，确保科研项目取得成效。要深化科研经费管理改革，优化整合人才计划，让人才静心做学问、搞研究，多出成果、出好成果。要完善人才评价体系，加快建立以创新价值、能力、贡献为导向的人才评价体系，形成并实施有利于科技人才潜心研究和创新的评价体系。

（四）培养人才的论述

1. 2013 年 12 月 23 日至 24 日，习近平总书记在中央农村工作会议上的讲话

要提高农民素质，培养造就新型农民队伍，把培养青年农民纳入国家实用人才培养计划，确保农业后继有人。

2. 2018 年 6 月 12 日至 14 日，习近平总书记在山东考察时的讲话

乡村振兴，人才是关键。要积极培养本土人才，鼓励外出能人返乡创业，鼓励大学生村官扎根基层，为乡村振兴提供人才保障。

3. 2020 年 12 月 28 日，习近平总书记在中央农村工作会议上的讲话

乡村振兴，关键在人、关键在干。必须建设一支政治过硬、本领过硬、作风过硬的乡村振兴干部队伍。要选派一批优秀干部到乡村振兴一线岗位，把乡村振兴作为培养锻炼干部的广阔舞台，对在艰苦地区、关键岗位工作表现突出的干部要优先重用。

4. 2021 年 9 月 27 日，习近平总书记在中央人才工作会议上的讲话

要走好人才自主培养之路，高校特别是"双一流"大学要发挥培养基础研究人才主力军作用，全方位谋划基础学科人才培养，建设一批基础学科培养基地，培养高水平复合型人才。要制定实施基础研究人才专项，长期稳定支持一批在自然科学领域取得突出成绩且具有明显创新潜力的青年人才。要培养造就大批哲学家、社会科学家、文学艺术家等各方面人才。

5. 2022 年 1 月 4 日，《中共中央 国务院关于做好 2022 年全面推进乡村振兴重点工作的意见》

做好国家乡村振兴重点帮扶县科技特派团选派，实行产业技术顾问制度，有计划开展教育、医疗干部人才组团式帮扶。

6. 2022 年 4 月 10 日至 13 日，习近平总书记在海南考察时的讲话

推动乡村全面振兴，关键靠人。要建设一支政治过硬、本领过硬、作风过硬的乡村振兴干部队伍，吸引包括致富带头人、返乡创业大学生、退役军人等在内的各类人才在乡村振兴中建功立业。

7. 2022 年 12 月 23 日至 24 日，习近平总书记在中央农村工作会议上的讲话

要加大对涉农干部的培训力度，提高"三农"工作本领，改进工作作风，打造一支政治过硬、适应新时代要求、具有领导农业强国建设能力的

"三农"干部队伍。要着力培养一批乡村人才，重点加强村党组织书记和新型农业经营主体带头人培训，全面提升农民素质素养，育好用好乡土人才。

8. 2023 年 1 月 2 日，《中共中央 国务院关于做好 2023 年全面推进乡村振兴重点工作的意见》

加强乡村人才队伍建设。实施乡村振兴人才支持计划，组织引导教育、卫生、科技、文化、社会工作、精神文明建设等领域人才到基层一线服务，支持培养本土急需紧缺人才。实施高素质农民培育计划，开展农村创业带头人培育行动，提高培训实效。大力发展面向乡村振兴的职业教育，深化产教融合和校企合作。完善城市专业技术人才定期服务乡村激励机制，对长期服务乡村的在职务晋升、职称评定方面予以适当倾斜。引导城市专业技术人员入乡兼职兼薪和离岗创业。继续实施农村订单定向医学生免费培养项目、教师"优师计划""特岗计划""国培计划"，实施"大学生乡村医生"专项计划。实施乡村振兴巾帼行动、青年人才开发行动。

二、人才振兴的相关政策

乡村振兴，人才是关键。进入新发展阶段，国家全面推进乡村振兴，加快农业农村现代化，对高素质乡村人才的需求十分强烈。为解决乡村人才总量不足、结构失衡、素质偏低、老龄化严重等突出问题，2018 年以来，党中央出台了一系列文件，强化乡村振兴人才支撑，各地也出台相应配套政策，将人才振兴落到实处。

（一）国家政策

1. 2018 年 1 月，《中共中央 国务院关于实施乡村振兴战略的意见》（简称《意见》）

文件以习近平新时代中国特色社会主义思想为指导，围绕实施乡村振兴战略定方向、定思路、定任务、定政策，坚持问题导向，对统筹推进农村经济建设、政治建设、文化建设、社会建设、生态文明建设和党的建设作出全面部署。《意见》指出，实施乡村振兴战略，必须破解人才瓶颈制约。政府要把人力资本开发放在首要位置，畅通智力、技术、管理下乡通道，造就更多乡土人才，聚天下人才而用之。

《意见》对强化乡村振兴人才支撑作出五方面政策部署：一是大力培育新型职业农民。全面建立职业农民制度，实施新型职业农民培育工程。二是加强农村专业人才队伍建设。特别是要扶持培养一批农业职业经理人、经纪人、乡村工匠、文化能人和非遗传承人等。三是发挥科技人才支撑作用。全面建立高等院校、科研院所等事业单位专业技术人员到乡村和企业挂职、兼职和离岗创新创业制度。四是要鼓励社会各界投身乡村建设。建立有效激励机制，以乡情乡愁为纽带，吸引支持企业家、党政干部、专家学者、技能人才等，通过下乡担任志愿者、投资兴业、包村包项目、捐资捐物等方式服务乡村振兴事业。五是创新乡村人才培育引进使用机制，建立自主培养与人才引进相结合，学历教育、技能培训、实践锻炼等多种方式并举的人力资源开发机制。建立城乡、区域、校地之间人才培养合作与交流机制。全面建立城市医生教师、科技文化人员等定期服务乡村机制。研究制定鼓励城市专业人才参与乡村振兴的政策。《意见》还对加强"三农"工作队伍建设提出明确要求，强调要把懂农业、爱农村、爱农民作为基本要求，加强"三农"工作干部队伍培养、配备、管理、使用。把到农村一线工作锻炼作为培养干部的重要途径，注重提拔使用实绩优秀的干部，形成人才向农村基层一线流动的用人导向。

2. 2018 年 1 月，国务院《关于进一步支持农民工等人员返乡下乡创业的意见》

《关于进一步支持农民工等人员返乡下乡创业的意见》提出了一系列措施，大力支持农民工等人员返乡下乡创业。在政策完善上，主要有四个方面体现：一是将一次性的创业补贴试点政策拓展到首次创业、正常经营一年以上的返乡创业农民工；二是允许地方对回迁或者购置生产设备的创业企业给予一定补贴；三是将现有的"政府+银行+保险"的创新融资模式推广到返乡下乡创业企业；四是将服务返乡下乡创业纳入毕业生基层服务项目的内容。在推动政策落实上，主要体现在三个方面：一是针对培训、服务和人才支撑不足的问题，提出了返乡下乡创业培训专项行动、返乡下乡创业带头人培养计划、返乡下乡创业服务能力提升行动、育才强企计划和引才回乡工程共五项行动；二是针对创业者缺信用、缺担保等问题，提出建立返乡下乡创业人员信息共享机制和信用乡村、信用园区推荐免担保机制；三是特别强调突出县级政府的主体责任，支持其整合资金项目和服务资源，创建一批返乡下乡创业的示范县市。随即，四川、河南等省相继出台促进支持农民工、大学生和复员转业退役军人等人员返乡下乡创业的相关措施，着力在工作责任主体和创业主体培育、要素保障、金融信贷、财政支持、人才支撑、创业服务、氛围营造等方面细化创业扶持政策，涵盖办理证照、土地支持、平台搭建、财政支持、金融担保、创业服务、试点示范、表彰奖励等各环节，打造公平、高效、透明、开放的营商环境，为农民工、大学生和复员转业退役军人等人员返乡入乡创业提供有力保障。

3. 2018年9月，中共中央、国务院印发《乡村振兴战略规划（2018—2022年）》（简称《规划》）

《规划》要求实行更加积极、更加开放、更加有效的人才政策，推动乡村人才振兴，让各类人才在乡村大施所能、大展才华、大显身手。一是要全面建立职业农民制度，培养新一代爱农业、懂技术、善经营的新型职业农民，优化农业从业者结构。实施新型职业农民培育工程，支持新型职业农民通过弹性学制参加中高等农业职业教育。创新培训组织形式，探索田间课堂、网络教室等培训方式，支持农民专业合作社、专业技术协会、龙头企业等主体承担培训。鼓励各地开展职业农民职称评定试点。引导符合条件的新型职业农民参加城镇职工养老、医疗等社会保障制度。二是要加大"三农"领域实用专业人才培育力度，提高农村专业人才服务保障能力。加强农技推广人才队伍建设，探索公益性和经营性农技推广融合发展机制，允许农技人员通过提供增值服务合理取酬，全面实施农技推广服务特聘计划。加强涉农院校和学科专业建设，大力培育农业科技、科普人才，深入实施农业科研杰出人才计划和杰出青年农业科学家项目，深化农业系列职称制度改革。三是要建立健全激励机制，鼓励社会人才投身乡村建设。以乡情乡愁为纽带，引导和支持企业家、党政干部、专家学者、医生教师、规划师、建筑师、律师、技能人才等，通过下乡担任志愿者、投资兴业、行医办学、捐资捐物、法律服务等方式服务乡村振兴事业，允许符合要求的公职人员回乡任职。落实和完善融资贷款、配套设施建设补助、税费减免等扶持政策，引导工商资本积极投入乡村振兴事业。实施"三区"（边远贫困地区、边疆民族地区和革命老区）人才支持计划，深入推进大学生村官工作，因地制宜实施"三支一扶"、高校毕业生基层成长等计划，开展乡村振兴"巾帼行动"、青春建功行动。建立城乡、区域、校地之间人才培养合作与交流机制。全面建立城市医生教师、科技文化人员等定期服务乡村机制。

4. 2019年1月，中央一号文件《中共中央、国务院关于坚持农业农村优先发展做好"三农"工作的若干意见》（简称《意见》）

《意见》从脱贫攻坚、农产品有效供给、乡村建设、乡村产业、农村改革、乡村治理、基层组织建设、党的领导等八大部分35条对农业农村优先发展进行了战略部署。在乡村人才建设方面，一是落实更加积极的就业政策，加强就业服务和职业技能培训，促进农村劳动力多渠道转移就业和增收。发展壮大县域经济，支持企业在乡村兴办生产车间、就业基地，增加农民就地就近就业岗位。稳定农民工就业，保障工资及时足额发放。二是支持建立多种形式的创业支撑服务平台，完善乡村创新创业支持服务体系，鼓励外出农民工、高校毕业生、退伍军人、城市各类人才返乡下乡创新创业。三是加快标准化村卫生室建设，实施全科医生特岗计划，提升农村公共服务水平。四是实施村党组织带头人整体优化提升行动，配齐配强班子。全面落实村党组织书记县级党委备案管理制度。建立第一书记派驻长效工作机制，全面向贫困村、软弱涣散村和集体经济空壳村派出第一书记，并向乡村振兴任务重的村拓展。加大从高校毕业生、农民工、退伍军人、机关事业单位优秀党员中培养选拔村党组织书记力度。健全从优秀村党组织书记中选拔乡镇领导干部、考录乡镇公务员、招聘乡镇事业编制人员的常态化机制。优化农村党员队伍结构，加大从青年农民、农村外出务工人员中发展党员力度。全面推行村党组织书记通过法定程序担任村委会主任，推行村"两委"班子成员交叉任职，提高村委会成员和村民代表中党员的比例。全面落实村干部报酬待遇，建立正常增长机制。五是牢固树立农业农村优先发展政策导向，优先考虑"三农"干部配备，把优秀干部充实到"三农"战线，把精锐力量充实到基层一线，注重选拔熟悉"三农"工作的干部充实地方各级党政班子。六是培养懂农业、爱农村、爱农民的"三农"工作队伍。建立"三农"工作干部队伍培养、配备、管理、使用机制，落实关爱激励政策。把乡村人才纳入各级人才培养计划予以重点支持。建立县域人才统筹使用制度和乡村人才定向委托培养制度，探索通过岗编适度分离、在岗学历教育、创新职称评定等多种方式，引导各类人才投身乡村振兴。对作出突出贡献的各类人才给予表彰和奖励。实施新型职业农民培育工程。

5. 2019 年 5 月，国务院办公厅印发《职业技能提升行动方案（2019—2021 年）》

《职业技能提升行动方案（2019—2021 年）》指出，2019 年至 2021 年，持续开展职业技能提升行动，提高培训针对性、实效性，全面提升劳动者职业技能水平和就业创业能力。围绕乡村振兴战略，实施新型职业农民培育工程和农村实用人才带头人素质提升计划，开展职业农民技能培训。持续推进东西部扶贫协作框架下职业教育、职业技能培训帮扶和贫困村创业致富带头人培训，并按有关规定实施职业培训补贴政策。在资金支持方面，《职业技能提升行动方案（2019—2021 年）》要求地方各级政府要加大资金支持和筹集整合力度，将一定比例的就业补助资金、地方人才经费和行业产业发展经费中用于职业技能培训的资金，以及从失业保险基金结余中拿出的 1 000 亿元，统筹用于职业技能提升行动。

6. 2019 年 6 月 19 日，中共中央办公厅印发《关于鼓励引导人才向艰苦边远地区和基层一线流动的意见》

《关于鼓励引导人才向艰苦边远地区和基层一线流动的意见》指出要坚持党管人才原则，进一步完善人才培养吸引流动和激励保障机制，鼓励引导更多优秀人才到艰苦边远地区和基层一线贡献才智、建功立业。要发挥产业和科技项目集聚效应，搭建人才到艰苦边远地区和基层一线干事创业平台。鼓励艰苦边远地区和基层一线依托本地特有自然人文资源、特色优势产业和有关科研项目，积极打造事业平台，让各类人才干事有舞台、创业有机会、发展有空间。要完善人才管理政策，畅通人才向艰苦边远地区和基层一线流动渠道。坚持从艰苦边远地区和基层一线实际出发，因地制宜、分类施策，完善编制管理、职称评审、人才招录和柔性流动政策，为人才引得进、留得住、用得好提供制度保障。要发挥人才项目示范引领作用，加强艰苦边远地区和基层一线人才帮扶协作。实施好艰苦边远地区和基层一线人才支持项目，健全人才帮扶协作机制，重点围绕产业优势和民生项目加大人才支持力度，进一步吸引和补充当地经济社会发展急需紧缺人才。要留住用好本土人才，培育艰苦边远地区和基层一线持续发展内生动力。激发艰苦边远地区和基层一线积极性主动性，把留住和用好本土人才作为破解当地人才匮乏的根本任务，进一步完善政策措施，创造条件满足人才的发展需求，让更多人才真正愿意在艰苦边远地区和基层一线扎根工作。

7. 2019 年 10 月,《人力资源和社会保障部 农业农村部关于深化农业技术人员职称制度改革的指导意见》

深化农业技术人员职称制度改革,旨在更好地发挥"指挥棒"和"风向标"作用,激励和引导广大农业技术人员提升能力素质,不断强化人才在乡村振兴中的支撑保障作用。《人力资源和社会保障部 农业农村部关于深化农业技术人员职称制度改革的指导意见》实现了六个方面的突破:一是完善了专业设置。明确农业技术人员职称设置农学、园艺、植物保护、水产、畜牧、兽医、农业资源环境、农业机械化、农产品加工与质量安全、农村合作组织管理等专业。同时,为促进评审专业设置与乡村振兴和产业发展需求相适应,允许各地根据实际需要实行动态调整。二是畅通了评价渠道。进一步打破户籍、地域、身份、档案等制约,畅通了农民专业合作社、家庭农场、农业企业、农业社会化服务组织等生产经营主体中农业技术人员的职称申报渠道。三是下放了评审权限。农业技术人员正高级职称,均由各省(区、市)自主组织评审,并逐步将高级职称评审权下放到符合条件的地市或大型企业、科研院所等企事业单位,充分发挥用人主体的评价自主权。四是建立了绿色通道。对在农业高质量发展、农民增收、重大动植物疫病防控、农业重大灾害处置及农村改革各项事业中作出重大贡献或急需紧缺的优秀农业技术人员,放宽条件限制。对引进的海外高层次人才和急需紧缺人才,建立职称评审绿色通道,促进优秀人才脱颖而出。五是实现职称制度与职业资格制度有效衔接。明确通过国家执业兽医资格考试,取得执业兽医师资格,可视同具备助理兽医师职称,减少了人才重复评价。六是鼓励人才向艰苦边远地区和基层一线流动。在艰苦边远地区和基层一线农业农村领域,适当增加高级专业技术岗位,采取"定向评价、定向使用"的方式,增加基层人才供给。对长期扎根基层一线、作出突出贡献的农业技术人员,可适当放宽学历和任职年限要求,激励优秀农业技术人员扎根基层、建功立业。

8. 2020 年 12 月,《中共中央 国务院关于实现巩固拓展脱贫攻坚成果同乡村振兴有效衔接的意见》(以下简称《意见》)

为坚决守住脱贫攻坚成果,做好巩固拓展脱贫攻坚成果同乡村振兴有效衔接,确保工作不留空当,政策不留空白。《意见》将巩固拓展脱贫攻坚成果放在突出位置进行系统部署,进一步突出重点、明确要求、压实责任,确保脱贫基础更加稳固、成效更可持续。同时,聚焦脱贫地区,部署做好脱贫攻坚与乡村振兴领导体制、工作体系、发展规划、政策举措、考核机制等有效衔接，集中资源和力量，接续推进脱贫地区发展和乡村全面振兴。《意见》在人才智力支持政策方面，强调延续脱贫攻坚期间各项人才智力支持政策，建立健全引导各类人才服务乡村振兴长效机制；在工作体系方面，强调要及时做好巩固拓展脱贫攻坚成果同全面推进乡村振兴在工作力量、组织保障、规划实施、项目建设、要素保障方面的有机结合，持续加强脱贫村党组织建设，培养乡村振兴带头人，继续选派驻村第一书记和工作队等。

9. 2021 年 2 月，中共中央办公厅、国务院办公厅印发《关于加快推进乡村人才振兴的意见》

《关于加快推进乡村人才振兴的意见》就加快推进乡村人才振兴，培养造就一支懂农业、爱农村、爱农民的"三农"工作队伍，做出重要部署。另外，《关于加快推进乡村人才振兴的意见》还明确了抓好落实的保障措施：在组织领导方面，强调各级党委要将乡村人才振兴作为实施乡村振兴战略的重要任务，建立党委统一领导、组织部门指导、党委农村工作部门统筹协调、相关部门分工负责的乡村人才振兴工作联席会议制度；在政策保障方面，强调加强乡村人才振兴投入保障，支持涉农企业加大乡村人力资本开发投入；在平台建设方面，强调要搭建乡村引才聚才平台，完善科技成果转化、人才奖补等政策，为乡村人才提供政策咨询、职称申报、项目申报、融资对接等服务；在规划制度方面，强调要探索建立乡村人才信息库和需求目录，制定乡村人才振兴规划，推动"三农"工作人才队伍建设制度化、规范化、常态化。

《关于加快推进乡村人才振兴的意见》建立健全了乡村人才培养、引进、管理、使用、流动、激励等一整套系统完备的政策体系，强化乡村人才振兴的政策保障。在人才培养方面，提出有计划地选派县级以上机关有发展潜力的年轻干部到乡镇任职、挂职，加大公费师范生培养力度，推动职业院校（含技工院校）建设涉农专业或开设特色工艺班，与基层行政事业单位、用工企业精准对接；在人才引进方面，提出建立城市医生、教师、科技、文化等人才定期服务乡村制度，将基层工作经历作为职称评审、岗位聘用的重要参考，健全鼓励人才向艰苦地区和基层一线流动激励制度；在人才使用方面，提出建立县域专业人才统筹使用制度，积极开展统筹使用基层各类编制资源试点，探索赋予乡镇更加灵活的用人自主权；

在人才评价方面，提出建立县域专业人才统筹使用制度，积极开展统筹使用基层各类编制资源试点，探索赋予乡镇更加灵活的用人自主权；在人才服务保障方面，提出完善乡村人才认定标准，做好乡村人才分类统计，建立健全县乡村三级乡村人才管理网络。

10. 2021 年 4 月，《中华人民共和国乡村振兴促进法》

《中华人民共和国乡村振兴促进法》是我国第一部直接以"乡村振兴"命名的法律，也是一部全面指导和促进乡村振兴的法律，对国家、各级人民政府及有关部门围绕乡村振兴战略应当履行的职责进行了规范，是关于乡村振兴的全局性、系统性的法律保障。该法律的出台，标志着乡村振兴战略迈入有法可依、依法实施的新阶段。

该法针对乡村人才振兴中的乡村人才短缺、乡村人才结构不合理、城乡人才流动不畅、乡村"谁来种地"以及农业如何经营等重点难点问题提出了一揽子举措，并在第三章设"人才支撑"专章规定了乡村人才振兴的法律制度，从五个方面对乡村人才振兴进行规定。一是健全乡村人才体制机制。法律规定健全乡村人才工作体制机制，培养本土人才，引导城市人才下乡，推动专业人才服务乡村，搭建社会工作和乡村建设志愿服务平台，支持和引导各类人才通过多种方式服务乡村振兴，为促进农业农村人才队伍建设指明了方向。二是分类培育农村人才。法律明确要加强农村教育工作统筹，持续改善农村学校办学条件，支持开展网络远程教育，保障和改善乡村教师待遇，提高乡村教师学历水平、整体素质和乡村教育现代化水平。同时，针对乡村医疗卫生人员的职业发展、待遇，以及建立医疗人才服务乡村的工作机制等方面作出了明确规定。此外，法律还规定培育农业科技人才、经营管理人才、法律服务人才、社会工作人才，加强乡村文化人才队伍建设，培育乡村文化骨干力量，有利于提高农村人才整体素质。三是促进农业人才流动机制。法律规定建立健全城乡、区域、校地之间人才培养合作与交流机制，建立鼓励各类人才参与乡村建设的激励机制，搭建社会工作和乡村建设志愿服务平台，为返乡入乡人员和各类人才提供必要的生产生活服务和相关福利待遇，鼓励高等学校、职业学校毕业生到农村就业创业，为加强农业人才交流提供了有力保障。四是大力培养高素质农民。法律规定加大农村专业人才培养力度，加强职业教育和继续教育，组织开展农业技能培训、返乡创业就业培训和职业技能培训，为培养有文化、懂技术、善经营、会管理的高素质农民和农村实用人才、创新创业带头人提供了法治保障。五是加快培育新型农业经营主体。法律规定，引导新型农业经营主体通过特色化、专业化经营，合理配置生产要素，促进乡村产业深度融合，为新型农业经营主体健康发展提供保障。

11. 2021 年 12 月，发布《"十四五"农业农村人才队伍建设发展规划》（简称《规划》）

《规划》对新时代农业农村人才队伍建设进行了系统谋划，主要目标是培优、做强、壮大，使人才队伍更好地发挥服务乡村振兴的作用，为乡村振兴提供人才支持和动力保障。

《规划》聚焦培育建强 3 类 10 支人才队伍，针对不同人才队伍的特点和作用，分别制定建设目标和差别化政策，谋划实施农村基层干部乡村振兴主题培训计划、乡村产业振兴带头人培育"头雁"项目、"神农英才"计划、"百千万"农业企业家培育工程、农村创业带头人培育行动、农业综合行政执法能力提升行动、农村改革服务人才轮训行动、农业公共服务能力提升行动、高素质农民培育计划 9 项人才培育重大工程、专项行动和提升计划。这些重大项目的实施，将成为"十四五"农业农村人才队伍建设的重要助推器。

《规划》聚焦人才的培育、引进、使用、激励等关键环节发力，加大政策、机制、项目投入力度。在人才培育方面，建立层次分明、结构合理、开放有序的教育培训体系，建立学历教育、技能培训、实践锻炼等多种方式并举的培养开发机制，加大对带头人、"关键少数"的培训力度，实现"培训一人，带动一片"。在人才引进方面，坚持需求导向，多渠道选拔高素质人才，把科研人员到农村开展服务活动的经历作为职称评审、岗位聘用的重要参考，鼓励各地整合各领域外部人才成立乡村振兴顾问团，加大对返乡入乡人才住房、子女教育等保障力度。在人才使用方面，将人才队伍建设与农业农村领域重大工程、项目统筹谋划、同步推进，将带动人才发展情况列入农业农村重大工程项目的考核验收指标，推动资源服务管理向基层倾斜，为人才在乡村干事创业提供培训、信息、金融、就业、创业等系统性支持服务，为各类人才搭建干事创业平台。在人才激励方面，打破乡村人才与城市人才在教育医疗、社会保障、公共服务等方面的政策壁垒，破除身份、体制和编制等体制机制障碍，对长期服务基层和艰苦边远地区的人才在工资待遇、职务职称晋升、职业资格评价和职业技能等级认定等方面实行倾斜政策，激励人才扎根一线建功立业。为有力、有序、有效推进《规划》实施，将构建党委领导下的多部门分工负责、上下贯通的工作推进机制，严格考核评估和成果运用，加强数字化、信息化、人才库等基础支撑，加强有利于人才流入乡村的环境营造等一系列保障措施，凝聚发挥各方面资源优势，合力推进农业农村人才队伍建设。

12. 2022 年 11 月，《乡村振兴责任制实施办法》

实行乡村振兴责任制，旨在实行中央统筹、省负总责、市县乡抓落实的乡村振兴工作机制，构建职责清晰、各负其责、合力推进的乡村振兴责任体系，举全党全社会之力全面推进乡村振兴，加快农业农村现代化。《乡村振兴责任制实施办法》明确了地方党委和政府人才振兴的责任，即鼓励和引导各类人才投身乡村振兴，选派优秀干部到乡村振兴一线岗位，大力培养本土人才，引导返乡回乡下乡就业创业人员参与乡村振兴，支持专业人才通过多种方式服务乡村，推动乡村振兴各领域人才规模不断壮大、素质稳步提升、结构持续优化。《乡村振兴责任制实施办法》要求中央定点帮扶单位应当履行帮扶责任，持续选派挂职干部和驻村第一书记，加强工作指导，督促政策落实，提高帮扶实效；东西部协作双方各级党委和政府应当坚持双向协作、互惠互利、多方共赢，统筹推进教育、文化、医疗卫生、科技等领域对口帮扶工作，深化区县、村企、学校、医院等结对帮扶，加强产业合作、资源互补、劳务对接、人才交流等；工会、共青团、妇联、科协、残联等群团组织应当发挥优势和力量，鼓励和支持各民主党派、工商联以及无党派人士等在乡村振兴中发挥积极作用；支持军队持续推进定点帮扶工作，积极促进退役军人投身乡村振兴；企事业单位和社会组织应当积极履行社会责任，鼓励公民个人主动参与乡村振兴。

13. 2023 年 7 月，实施大学生乡村医生专项计划

乡村医生是农村居民健康的第一道防线，在全面推进健康中国建设和乡村振兴战略中发挥着基础性作用。为了进一步优化乡村卫生队伍，引导大学生乡村医生服务农村、扎根农村，国家卫生健康委等 5 部委联动，在已经实施医学专业高校毕业生免试申请乡村医生执业注册的省份实施大学生乡村医生专项计划。面向符合免试申请乡村医生执业注册条件的医学专业高校毕业生（含尚在择业期内未落实工作单位的毕业生），由有关省份组织专项招聘，免试注册为乡村医生到村卫生室服务。在待遇保障方面，大学生乡村医生作为招聘引进的医疗卫生人才，由乡镇卫生院与大学生乡村医生签订服务协议，明确工作期限，落实相应社会保障待遇。期满后，

经考核合格、本人自愿的，按照《乡村医生从业管理条例》继续担任乡村医生。在激励措施方面，鼓励大学生乡村医生考取执业（助理）医师资格。要求乡镇卫生院拿出一定数量的岗位公开招聘符合条件的优秀大学生乡村医生。对到中西部地区、艰苦边远地区、老工业基地村卫生室工作的中央高校应届毕业生，服务期在3年（含）以上的，享受基层就业学费补偿国家助学贷款代偿。在职业发展方面，大学生乡村医生上岗前须进行岗前培训，并给予大学生乡村医生继续医学教育资源供给，支持开展大学生乡村医生能力提升培训，不断提高乡村医生医学综合能力和实践技能，为其考取执业（助理）医师资格创造条件。教育部门应统筹各级医学院校教育资源，为大学生乡村医生提供学历提升教育机会。

总的来讲，乡村振兴离不开资源的投入，也离不开要素的聚集。国家出台以上政策，是要通过改革打破乡村要素单向流入城市的格局，打通进城与下乡的通道，引导、吸引更多的城市要素（包括资金、管理、人才）向乡村流动。要完成乡村振兴这个宏大战略，需要汇聚全社会的力量，强化乡村振兴的人才支撑，把人力资源开发放在首位，核心是做好两个方面的工作：一方面要培养造就一支懂农业、爱农村、爱农民的"三农"工作队伍，培育新型职业农民和乡土人才；另一方面，要以更加开放的胸襟引来人才，用更加优惠的政策留住人才，用共建共享的机制用好人才，掀起新时代"上山下乡"的新热潮，让愿意留在乡村、建设家乡的人留得安心，让愿意上山下乡、回报乡村的人更有信心，激励各类人才在农村广阔天地大施所能、大展才华、大显身手，打造一支强大的乡村振兴人才队伍，为乡村振兴事业发展提供源源不断的动力。

（二）四川省政策

1. 2018年11月，四川省政府办公厅印发《促进返乡下乡创业二十二条措施》

《促进返乡下乡创业二十二条措施》涵盖了农民工、大学生和复员转业退役军人等创业者从项目立项到创业成功的全过程，从办理证照、土地支持、平台搭建、财政支持、金融担保、创业服务、试点示范、表彰奖励等环节，从创业培育引导、要素保障、金融信贷、财政支持、人才支撑、创业服务等方面着力，全链条式制定了各项扶持创业的优惠政策，进一步加大创业者返乡下乡创业的政策支持力度，优化返乡下乡创业环境，推进返乡下乡创业向纵深发展。

2. 2019年1月，四川省委办公厅、四川省人民政府办公厅印发《四川省鼓励引导人才向基层流动十条措施》（简称"十条措施"）

"十条措施"鼓励引导人才向艰苦边远地区、民族地区、贫困地区、革命老区和基层一线流动，培养造就一支规模宏大、留得住、能战斗、带不走的基层人才队伍，更好地服务脱贫攻坚和乡村振兴。"十条措施"鲜明提出省、市级机关和事业单位新进人员基层工作资格制度，"着力形成人才到基层去、干部从基层来的用人导向，构筑基层人才流入'洼地'"。加大乡村实用人才培养力度，实施本籍大学生定向培养、农民工返乡创业、新型职业农民培育、村级后备力量培育"四大工程"，引导本土人才返乡就业创业；实施"一村一幼""一村一医""一乡一全科""一户一名技术能手"四个培训提能计划培育"土专家""田秀才"。鼓励基层设立"候鸟型"人才工作站，紧扣基层经济社会发展急需领域特别是产业扶贫项目，实施专家下基层行动工程，开展科技扶贫万里行活动，支持高校、科研院所等事业单位专业技术人员到基层转化成果、创新创业，以"人才+项目"方式，深入基层一线开展人才结对帮扶、点对点技术指导、组团式咨询服务，变"授人以鱼"为"授人以渔"，增强基层"造血"功能。构建人才智力帮扶协作机制，广泛开展干部人才交流，深化对口帮扶工作，推行教育、卫生等行业"市帮带县""县帮带乡""乡帮带村"，引导专业力量下沉。加强基层人才管理政策改革，推行事业单位岗编适度分离，对新招事业人员实行"县招乡用""县管校用"；建立符合艰苦边远地区和基层一线实际的人才评价机制，开辟基层人才评价激励绿色通道；在推荐、申报评审国家和省级人才奖项、科技计划项目时加大对基层人才的倾斜支持力度，树立在基层建功立业良好氛围，更好地留住和用好人才。

3. 2019年3月，《关于坚持农业农村优先发展推动实施乡村振兴战略落地落实的意见》（简称《意见》）

《意见》提出，坚持农业农村优先发展总方针，把实施乡村振兴战略作为新时代"三农"工作总抓手，统筹推进乡村产业振兴、人才振兴、文化振兴、生态振兴、组织振兴，加快推进农业农村现代化。《意见》聚焦于45个深度贫困县脱贫，把脱贫攻坚作为乡村振兴的特殊任务，在基础设施建设、产业培育、就业增收、培养本地人才等方面下足"绣花"功夫，构建稳定脱贫长效机制，注重增强贫困地区自我发展能力和"造血机能"。

同时，还将保持扶贫政策的延续性和稳定性，对已脱贫对象继续给予扶持，将已摘帽的贫困县优先纳入乡村振兴战略支持范围。《意见》把农民工返乡创业作为推进乡村人才振兴重点进行安排布置，要求落实《促进返乡下乡创业二十二条措施》，鼓励支持农民工、大中专毕业生、复员转业退役军人等返乡下乡领办创办家庭农场（林场）、农民合作社、农业企业、农业社会化服务组织等，按规定享受小微企业扶持政策。支持返乡下乡创业企业创建国家级和省级技能大师工作室，按规定从就业创业补助资金中给予定额补助。鼓励有条件的地方设立返乡下乡创业扶持基金。实施引才回乡工程，支持设立专家服务基地，按规定开展省级返乡下乡创业明星、创业实体评选表扬活动，优化县乡发展营商环境。注重在优秀农民工中培养选拔村干部，夯实乡村基层组织建设的基础。在探索建立新型职业农民制度方面，《意见》提出加强职业农民培育体系建设，逐步形成以农广校为依托，农业院校、科研院所等广泛参与的培育体系。实施新型职业农民培育工程，推行农民田间学校模式，探索菜单式学习、顶岗实训、创业孵化等培育方式。筹办四川职业农民学院。启动新型职业农民培育对象遴选工作，建立完善培育对象数据库，探索建立分级认定管理机制。启动开展职业农民职称评定试点。

4. 2019 年 9 月，《四川省职业技能提升行动实施方案（2019—2021年）》（简称《方案》）

《方案》提出，持续开展职业技能提升行动，提高培训针对性、实效性，全面提升劳动者职业技能水平和就业创业能力。《方案》聚焦大小凉山彝区等地区，实施深度贫困地区贫困劳动力技能培训全覆盖行动，提供免费就业技能培训。对接受技工教育的贫困家庭学生，按规定落实中等职业教育国家助学金和免学费等政策。实施"雨露计划"，对建档立卡贫困家庭子女接受中等职业教育的，在中职助学金的基础上，再给予每生每年1 000 元的生活补助。对新生代农民工，实施职业技能提升计划、返乡创业培训计划和劳务品牌培训。

5. 2020 年 5 月，《关于加强基层治理人才支撑的若干举措》（简称《举措》）

《举措》旨在引导更多基层治理人才在基层汇聚、成长、成才，解决基层一线特别是艰苦边远地区高素质专业人才匮乏等突出问题。《举措》提出，在人才引进方面，改变招聘方式引人才，持续选调优秀大学毕业生到基层工作，每年拿出 10% 左右的公务员招录计划用于县乡选调生招录，名额向艰苦边远地区倾斜，并在基层教育、卫生等事关民生的特定行业推动实行"岗编适度分离"；在留住人才方面，完善和落实专业技术职称评定倾斜政策，以建立行之有效的人才激励机制，如适当提高基层人才待遇，对符合条件的优秀人才给予安家补助、医疗、子女就业等保障服务，想方设法解决干部人才后顾之忧；在人才培养方面，结合基层教育卫生、农林水牧渔、文化旅游等领域的人才急需和事业编制空缺情况，开展急需紧缺专业大学生定向培养；在人才提能方面，开展基层干部人才培训和交流，不断提高基层治理人才队伍素质；在用好人才方面，通过设立"候鸟型"工作站、推广"周末工程师"等做法，鼓励基层吸纳国有企事业单位专业技术人才按规定兼职兼薪、按劳取酬，引导优质资源为基层服务。

6. 2020 年 5 月，四川省科学技术厅等 11 部门印发《关于深入推行科技特派员制度的实施意见》（以下简称《意见》）

四川省自建立科技特派员制度以来，2019 年按照"一业一团"方式组建产业科技特派员服务团 13 个，选派 303 名科技特派员服务现代农业"10+3"产业发展。2020 年，为激发广大科技特派员创新创业热情，推进农村大众创业、万众创新，促进一、二、三产业融合发展，助力脱贫攻坚和乡村振兴，四川省科学技术厅等等 11 部门联合出台《意见》。《意见》提出，到 2025 年，建立省级科技特派员服务团队 200 个，每年选派各级各类科技特派员 10 000 人次以上，建设省级以上农业科技园区、星创天地等科技特派员创业服务基地 200 个，农村科技在线服务平台 200 个，新型农业经营主体 200 个，基本建成覆盖四川省全域、面向农业农村农民、基于"互联网+"的新型农村科技服务体系，助推乡村振兴。2021 年按照"一县一团"组团程序和工作原则，组建科技特派员服务团 140 个，选派 2 099 名科技特派员，对 140 个县（市、区）实施科技服务和创业带动。

7. 2021 年 5 月，《中共四川省委 四川省人民政府关于实现巩固拓展脱贫攻坚成果同乡村振兴有效衔接的实施意见》（以下简称《意见》）

《意见》指出，要坚定不移贯彻新发展理念，坚持稳中求进工作总基调，坚持以人民为中心的发展思想，坚持共同富裕方向，将巩固拓展脱贫攻坚成果放在突出位置，建立农村低收入人口和欠发达地区帮扶机制，健全乡村振兴领导体制和工作体系，坚决守住不发生规模性返贫的底线，加快推进脱贫地区乡村产业、人才、文化、生态、组织全面振兴，为全面建设社会主义现代化四川奠定坚实基础。

《意见》提出，在提升教育保障水平方面，加强教师招聘，保障教师待遇，努力实现乡村教师招得进、留得住、教得好。在发展壮大脱贫地区乡村特色产业方面，扶持和培育龙头企业、致富带头人、新型职业农民和家庭农场、农民专业合作社等新型经营主体，带动脱贫人口、边缘易致贫人口融入产业链利益链，完善利益联结机制。推动"四川科技扶贫在线"提质扩面，加强科技特派员服务团建设，为乡村特色产业发展提供线上线下相结合的技术服务。在促进脱贫劳动力稳定就业方面，完善东西部劳务协作精准对接机制和劳动力转移就业服务体系，加大脱贫人口有组织劳务输出力度，做好返乡失业人员再就业工作，加强对乡村就业困难人员的动态监测，强化就业帮扶，确保有劳动力的脱贫至少有 1 人就业。加强职业技能培训，增强脱贫劳动力就业本领，培育县域特色劳务品牌。健全回引优秀农民工返乡创业机制，推动创业带动就业。合理开发乡村公益岗位，优先安置无法离乡、无业可扶、易返贫致贫且能胜任工作的乡村就业困难人员。在完善帮扶机制方面，要进一步优化调整结对帮扶、对口帮扶、定点帮扶和社会力量帮扶等机制，适时选派对口帮扶干部人才，适当增派教育、医疗、规划、农牧、水利等乡村振兴急需紧缺专业人才。探索构建帮受双方优势互补、长期合作、发展共赢的帮扶模式，通过顶岗锻炼、传帮带等方式，打造一支带不走的人才队伍。在做好工作体系衔接方面，对巩固拓展脱贫攻坚成果和乡村振兴任务重的村，根据工作需要继续选派驻村第一书记和工作队，健全常态化驻村工作机制。落实脱贫攻坚帮扶干部人才关心激励政策。强化党建引领，充分发挥党组织的领导作用，注重从优秀党员、返乡农民工、致富带头人中选拔培养干部，选优配强村"两委"班子。

8. 2021 年 6 月，四川省委组织部等 7 部门联合印发《四川省乡村人才振兴五年行动实施方案（2021—2025 年）》（以下简称《方案》）

四川省将连续五年统筹实施一批重点人才项目，推动人才智力向产业发展、乡村建设、基层治理一线集聚，为全面开启"十四五"乡村振兴新征程提供坚强人才支撑。《方案》确定了人才招引、定向培养、在职培训、人才援助、人才激励等"五大行动"，包含 34 个重点人才项目，对四川乡村人才振兴工作进行系统谋划，旨在发挥人才引领乡村发展振兴的关键作用，建立健全引导各类优秀人才服务乡村振兴长效机制，不断增强乡村振兴内生动力和发展后劲。根据《方案》，人才招引行动主要包括加大基层党政部门、事业单位和企业引才力度，继续实施大学生服务基层计划等。定向培养行动主要包括开展急需紧缺专业大学本科生定向培养、千名紧缺专业人才顶岗培养。在职培训行动主要针对产业人才、基层公共服务人才、乡村治理重点领域干部人才三类重点群体开展示范培训。人才援助行动方面，四川省将继续开展省内对口帮扶干部人才选派，鼓励引导专业人才服务基层，建立紧缺专业领域三级联动帮扶机制，推进建立"医联体""校联体"，实施"科技下乡万里行"活动等。人才激励行动方面，将实施人才项目基层专项、科技创新创业苗子工程、农村致富带头人和农民工返乡创业明星培养扶持计划，建立"乡村文化和旅游能人库"等，同时，支持各地结合实际制定有利于基层吸引和稳定人才的特殊政策。

9. 2021 年 8 月，四川省科学技术厅、农业农村厅联合印发《关于实施乡村振兴农业科技行动的意见》（以下简称《意见》）

《意见》聚焦成渝现代高效特色农业带及四川省现代农业"10+3"产业体系建设，围绕产业链部署创新链，以七大科技工程为载体，大力实施乡村振兴农业科技行动，并针对引进优质专用品种、开展优势特色产业技术创新、加快农业科技成果转化推广等重点任务提出要求，旨在通过科技创新加快四川省农业现代化。《意见》在强化协同推广创新科技团队建设方面，提出吸纳一批市（州）、县（市、区）专业技术人员参与，快速熟化、转化重大农业关键技术，促进农业增效、农民增收；在健全农村科技服务体系方面，提出针对乡村振兴有效衔接科技需求，完善"专家服务、技术供给、产业信息、供销对接"等服务功能，建设市县运管中心 204个，每年完成专家在线技术咨询 15 万次。

10. 2021 年 11 月，《四川省乡村振兴促进条例》（以下简称《条例》）通过

2021 年 4 月，全国人大常委会表决通过了我国第一部直接以"乡村振兴"命名的法律——《中华人民共和国乡村振兴促进法》（以下简称《促进法》），从法律和制度层面厘清了全面推进乡村振兴的重点、目标、要求、工作机制和职责分工等。对标中央要求，结合四川省情，《条例》充分体现了两大四川特色。一是在全国开启并完成乡镇行政区划调整和村级建制调整之后，如何做好乡村治理，进一步推进农业高质高效、乡村宜居宜业、农民富裕富足，是两项改革"后半篇"文章必须解决的现实问题；

二是作为曾经的全国脱贫攻坚主战场之一，四川还要推动巩固拓展脱贫攻坚成果同乡村振兴有效衔接。《条例》在与《促进法》充分衔接的前提下，明确提出要建立健全易返贫致贫人口动态监测预警和帮扶机制，建立农村低收入人口、欠发达地区帮扶长效机制。

11. 2023 年 1 月，四川省农业农村厅、四川省人力资源和社会保障厅联合印发《四川省农业技术人员职称申报评审基本条件》

为加快建立职业农民制度，壮大职业农民队伍，提升职业农民素质，四川省自 2018 年启动职业农民职称资格评定试点，在全省范围内开展生产、经营、技能、服务四类农村实用人才高级、中级、初级职称资格评定，推行职称资格申报评审不受学历、年龄限制，在业绩贡献、经济社会效益和示范带动作用方面进行评价予以激励，充分体现社会、政府对农民技能水平的认可，促使农民从被动选择"身份"向主动选择"职业"转变，为农民实行职业化管理奠定了较好基础。2020 年四川省农业农村厅、人力资源和社会保障厅联合出台《四川省农业技术人员职称申报评审基本条件（试行）》，2023 年正式下发《四川省农业技术人员职称申报评审基本条件》（以下简称《条件》）。《条件》从思想政治、学历资历、业绩能力、继续教育等方面对评审农业技术人员专业职务作出具体规定，对确有真才实学、成绩显著、贡献突出的专业技术人员，可不受学历、资历、层级限制破格申报相应职称设置"绿色通道"，并进一步扩大了职称评审覆盖专业，设置了一系列申报条件，吸引更多优秀专业技术人员从事"三农"工作。

12. 2023 年 7 月，四川省卫生健康委员会等 5 部门联合印发《四川省大学生乡村医生专项计划实施方案》（以下简称《方案》）

《方案》面向全日制大专及以上学历的临床医学类、中医学类（包括但不仅限于藏医学等民族医学）、中西医结合类等相关专业应届毕业生（含尚在择业期内未落实工作单位的往届毕业生），通过社会招聘一批服务乡村医疗卫生机构的大学生，补充和优化乡村卫生队伍，旨在推进乡村医疗卫生体系改革发展，解决乡村卫生队伍老龄化、人员"断档"等问题，整体提升乡村医疗卫生服务水平，促进医学专业高校毕业生就业。大学生乡村医生主要在村卫生室服务，最低服务年限为 3 周年，由各地统筹各级各类资金落实待遇保障。服务期满后，未获得执业（助理）医师资格证的，经考核合格、根据双方意愿决定是否续签合同、继续服务村卫生室。

完善激励措施方面，《方案》提出，要加强入编政策支持、提供学费补偿助学贷款代偿、继续教育支持和职称申报等。除满足条件的中央高校应届毕业生可按规定享受基层就业学费补偿国家助学贷款代偿以外，对到省艰苦边远地区村卫生室就业的省属高校全日制应届毕业生，且连续服务满3年及以上的，也可按有关规定享受省属高校毕业生艰苦边远地区基层单位就业学费奖补政策。鼓励和支持大学生乡村医生在职提高学历。同时，大学生乡村医生可按规定申报基层卫生职称，在县二级以下医疗机构和乡镇卫生院服务2年以上的，申报副主任医师职称可免对口支援要求。

（三）攀西民族地区政策

在四川省委、省政府的领导下，攀西地区各级政府积极响应乡村振兴战略，以《四川省乡村人才振兴五年行动实施方案（2021—2025年）》为指导，相继出台了符合本地区的乡村人才振兴行动实施方案，针对乡村人才队伍建设制定了一系列指导性文件和政策措施，逐步构建了较为全面、系统的乡村人才振兴政策支持保障体系。

1. 凉山州乡村人才振兴行动

四川省凉山州是全国最大的彝族聚居区，也是少数民族人口众多的地区，更是四川省乡村振兴的重点地区之一。在全州脱贫攻坚目标任务完成后，凉山州为进一步巩固拓展脱贫攻坚成果，继续推动乡村全面振兴，出台《贯彻落实〈支持凉山州做好巩固拓展脱贫攻坚成果同乡村振兴有效衔接若干措施〉实施方案》《做好巩固拓展脱贫攻坚成果同乡村振兴有效衔接若干措施》《乡村振兴定点帮扶工作方案》《凉山州东西部协作和对口支援工作方案》《乡村人才振兴五年行动实施方案》《关于推行基层农业农村专业技术人才"县管乡用"管理制度的意见（试行）》《关于做好当前农民工就业创业工作的实施意见》等政策措施，建立健全引导各类优秀人才服务乡村振兴长效机制，充分发挥人才引领乡村发展振兴的关键作用，从人才招引、定向培养、在职培训、人才援助、人才激励等方面统筹实施一批重点人才项目，推动人才智力向产业发展、乡村建设、基层治理一线集聚，不断增强乡村振兴内生动力和发展后劲，为乡村振兴提供坚强人才支撑。

为进一步扩大乡村人才规模，破解凉山州专业化人才缺口难题，凉山州不断完善政策体系，采取外引、内育、结对帮扶等方式补充人才。人才引进方面，持续开展"智汇凉山"和"双招双引"等引才活动；探索实施柔性引才项目，依托校院企合作的方式、辅以"凉山学者"特聘专家等引才项目，加快引进高层次专家型人才；实施"归凉人才"引进计划，主动对接引进凉山籍人才，为更好地适应地区发展提供人才量与质的保障。开展急需紧缺专业大学本科生定向培养，优先面向本地生源定向招生，在原深度贫困县实行降分录取政策，采取定向招生、定向培养、定向上岗、协议服务期的方式，每年为基层定向培养一批急需紧缺专业的大学本科生。争取外援方面，推行乡村振兴定点帮扶，按照"1+2+N"的模式选派驻村工作队，即1名驻村第一书记，担任驻村工作队队长；2名专职驻村工作人员，由各县（市）统筹选派在编在岗干部；N名帮村的其他人员，主要包括农技员、专职驻村辅警、社工人才、"一村一幼"教师、村医等，根据各村实际选配。政策倾斜方面，通过系列人才补贴、人才流动和项目支持机制，加大对人才引进的支持力度；通过推行基层农业农村专业技术人才"县管乡用"管理制度，职称"定向评价、定向使用"制度，基层事业单位岗位动态调整改革等，加强专业技术人才队伍建设；加强对帮扶干部的管理和关心支持，解决后顾之忧，对工作表现突出的优先提拔使用。

为培养乡村振兴人才，凉山州加快构建现代职业教育体系，以"解决一人读书、掌握一门技能、保障一人就业带动一家脱贫致富"为目标，大力发展现代职业教育，开展基层干部、农村"领头雁"、创业致富带头人、新型职业农民、农业科技人才等高素质技术技能人才的培训培养。一是聚焦外出务工、产业工人、重点人群、农村新生劳动力等六大群体，分类开展就业、创业、岗位技能提升等培训，通过订单定向式培训，切实精准提高培训针对性实效性，促进劳动者技能水平不断提升，助力实体经济发展。二是建设凉山乡村振兴实训基地，积极支持推动各级乡村振兴高技能人才培育基地、省级高技能人才培训基地和技能大师工作室、VR培训基地等多元技能人才培养主阵地建设，加强高技能人才培育，提升乡村振兴相关领域重点人群就业创业能力，将他们培养成家庭农场、专业合作社、企业等新型经营主体的带头人。三是持续实施高技能人才振兴计划，完善社会服务体系，开展"菁英计划"凉山工匠、天府工匠、省级大师工作室等项目，为凉山经济社会发展培育更多人才。四是将农民工、高素质农民和在岗基层农技人员纳入高职扩招范围。指导相关职业院校办好职业院校涉农专业。支持相关职业院校实施卓越农林人才教育培养计划2.0，大力发展"新农科",建设一流涉农专业和课程。着力推进"互联网+职业教育",实施课程教学、实习实训、产教融合、人才培养改革,力求蹚出一条具有凉山特色的教育信息化发展路子,为实现凉山乡村振兴跨越奠定坚实的教育基础与人才支撑。

为解决基层专业技术人才结构不优、总量不足、保障乏力等问题,为实现乡村振兴提供基层人才支撑,凉山州推行"三举措"夯实"三支一扶"人才队伍。一是倾斜政策,吸引人才。取消高校毕业生毕业两年内的招募限制,实行部分职业资格"先上岗、再考证",通过放宽调剂范围、开展补充招募等方式,针对性缓解深度贫困地区招人难问题。二是优化服务,留住人才。出台《凉山州高校毕业生"三支一扶"计划专项资金管理办法》,及时足额发放生活补贴、缴纳社会保险,发放一次性安家费、培训费等费用补助,确保人才待遇。实施定向考录公务员、报考事业单位工作人员加分、考核招聘县乡事业单位工作人员、服务期满四年申报中高级职称放宽一年年限等优惠政策,提供就业咨询、创业指导和职业介绍服务,通过"续期一批、考聘一批、招录一批、创业一批、择业一批"帮助服务期满人员就业。三是提升素质,助力成才。坚持教育培训和培养使用并重,构建人社、教体、卫健、农业、水利等部门的联动培训机制,实施能力提升专项培养计划,通过"岗前培训+岗中培训+示范培训+行业培训"的方式,定期开展培训,全面提升"三支一扶"人员服务乡村能力。

为补充和提升教师素质,实施公费师范生培养计划、特岗计划等,通过培养优秀师范生、聘任制同工同酬等方式,分期补充乡村学校教师。争取"国培计划"、省级教师培训项目向凉山倾斜,重点支持农村义务教育阶段学校、幼儿园骨干教师、校园长和培训者深度培训。加快"乡村教师共同体"建设,实施"一对一"精准帮扶提升工程,用好用活帮扶力量,充分发挥其示范引领作用。帮(受)扶双方互派骨干教师和管理人员到结对学校支教、挂职锻炼、跟岗学习。实施农村义务教育阶段教师周转房"安身工程"。

为提升乡村医疗卫生服务水平,实施农村订单定向医学生培养、团队培训等项目持续补充和优化乡村卫生队伍,对基层一线卫生专业技术人才实施"定向评价、定向使用"职称政策和薪酬待遇适当倾斜政策,持续推进"县管乡用"改革,对符合条件的村医实行"乡聘村用",依法落实乡村医生参加养老保险政策。凉山州自2023年开始实施大学生乡村医生专项计划，紧扣村卫生室功能定位，招聘大学生乡村医生到村卫生室工作，这些乡村医生将在乡镇卫生院或服务能力较强的村卫生室进行不少于三个月的基础理论和业务操作技能培训后上岗，并按规定落实大学生乡村医生工资社保、学费补偿助学贷款代偿、继续教育支持、职称申报等各项待遇保障。

2. 攀枝花市乡村人才振兴行动

攀枝花市是全国唯一以花命名的城市，地处川西南、滇西北攀西裂谷中南段，辖三区两县、14个民族乡、44个民族，其中彝族是攀枝花少数民族中人口最多的民族。攀枝花市高度重视人才工作，相继出台《攀枝花人才新政七条》《攀枝花优秀人才选拔培养计划》《关于实施"人才兴攀"战略加快建设川西南滇西北区域人才创新发展聚集地的意见》《农民工定向回引吸引培养十条措施》《关于分类推进人才评价机制改革的十条措施》等人才政策，着眼全方位引进、培养、用好人才，不断优化人才发展环境，强化人才的精准供给。为推动人才智力向乡村建设、基层治理一线集聚，不断增强乡村振兴内生动力和发展后劲，为乡村振兴和农业农村现代化建设提供坚强人才智力支撑，从人才招引、培训提能、智力帮扶等方面精准施策。

一是加大招引"聚才"。出台市场准入、财政投入、金融服务、用地用电等方面的优惠政策，吸引更多优秀农民工、高校毕业生、退伍军人等各类人才返乡创业就业，完善农村创业就业人员配套公共服务和新型农村经营人才扶持政策，吸引优秀人才流向乡村。放宽引才条件，将县（区）卫生、教育、农业等领域直接考核招聘副高级职称以上人才年龄条件由40周岁放宽至50周岁，在县（区）设置高级专业技术特设岗位，扩大急需紧缺专业技术人才招引。开展市县乡三级联考和基层定向招考，大幅增加"三支一扶"计划招募数量，选拔优秀人才到基层工作。加大对返乡青年创业就业的政策支持力度，推进"四川青创计划"，为青年创业项目提供3万~10万的免息、免担保的创业启动资金，深化银团合作，提供融资渠道，解决返乡青年创业资金难题，为返乡青年成长成才、创新创业提供更多的助力。

二是培训提能"育才"。制定《攀枝花市乡村人才振兴五年行动实施方案（2021—2025年）》，实施新型经营主体带头人、现代青年农场主、农业职业经理人三类人才培训计划，加快培育懂经营、会管理、有技术的新时代新型职业农民，造就高素质农业生产经营者队伍，激活乡村振兴内生动力。统筹利用农广校、涉农院校、农业科研院所、农技推广机构、农民专业合作社、农业龙头企业等各类资源，健全完善"专门机构+多方资源+市场主体"的创新培养模式，开设乡村技能培训专班，采取市县乡联动培养、分级施训的方式，实行"菜单式"培训，确保乡村贫困劳动力至少接受一次免费技能培训。扩大和延伸职业技能培训服务群体和领域，推动具有地方特点和民族特色的民族、非遗和传统民间技能技艺的传承和推广，培养一批民间手工艺人、乡土技术能手，促进乡村旅游文化产业发展。

三是专家赋能"助才"。实施农技推广服务特聘计划，允许农技员通过提供增值服务合理取酬。建立急需紧缺人才援助机制，选派市、县（区）优秀科教文卫工作者对口援助，允许符合要求的公职人员回乡任职。实施专家服务基层行动计划，在县（区）农业、教育、卫生、工业、康养、公共管理等领域建设专家服务示范基地、实施专家下基层行动，建立专家长期服务合作机制，发挥高层次人才智力作用到农村开展智力帮扶和技术服务，助力乡村振兴和农业农村高质量发展。发挥群团组织优势和各民主党派、无党派人士积极作用，共同支持乡村振兴。

四是完善机制"稳才"。推行岗编适度分离制，对新招聘的乡镇教师、基层医疗卫生人才实行"县招乡用""县管校用"，落实紧缺专业领域三级联动帮扶机制，大力推行教育、卫生等行业"市帮带县""县帮带乡""乡帮带村"，发挥综合帮扶工作队、县域医疗联合体等作用。全面落实农村教师满年限晋升职称政策，大幅激发乡镇教师队伍工作热情，印发《攀枝花市改革完善全科医生培养与使用激励机制的实施方案》，规定农村订单定向免费培养的本科医学生毕业后全部纳入全科专业住院医师规范化培训，进一步充实乡镇卫生院医疗人才力量。

五是倾斜政策"留才"。出台《攀枝花市贯彻落实〈四川省鼓励引导人才向基层流动十条措施〉实施方案》《攀枝花市关于加强基层治理人才支撑的实施细则》等政策，引导各类人才以"第一书记""三支一扶"人员等乡村治理人才身份为农村现代化建设贡献智慧与力量。加强农口系统领导班子建设，健全从优秀村党组织书记中选拔乡（镇）领导干部、考录公务员等制度。强化"三农"人才培训，抓好干部人才农业知识技能培训，拓宽县级"三农"干部来源渠道，选派乡（镇）优秀干部人才到省、市机关挂职。建立农村党员定期培训制度。实施农村优秀干部人才递进培养计划，推进"大地飘香"农业优才、攀枝花青技人才、攀枝花青鹏人才等项目贯彻落实，在技术支持、资源共享、资金帮扶等方面重点支持创新能力强、发展潜力大的返乡青年优秀人才，把他们培养成农村青年致富能手，并作为村级储备干部人选，辐射带动更多有条件的返乡青年和农民群众自主创业、致富成才，为乡村振兴注入活力。

从人才引进、培育、使用到基层治理等多个关键方面着手，攀西民族地区构建了一个有机统一的政策体系。这一体系的逐步完善与有效实施，不仅使攀西地区在乡村振兴的征程中稳步前行，也推动了农村人才的培育与引进，为农业农村现代化提供了坚实支撑。

三、人才振兴的相关理论

人才振兴，就是要激活人才要素，激励各类人才在农村广阔天地去干事创业、施展才华、成就梦想，让人才的创造、创新、创业活力得到充分激发，人才的作用得以充分展现，人才的数量、结构和素质满足乡村振兴的需要，为全面推进乡村振兴、加快农业农村现代化提供坚实的人才支撑。人才振兴理论的提出，源于其坚实的理论基础。

（一）整体性治理理论及其人才振兴研究

1. 整体性治理理论

20 世纪 70 年代末，针对传统官僚制带来的机构臃肿、效率低下和反应迟钝等弊端，西方国家先后开展了以"政府再造"为主要内容，以分权化、市场化、民营化为主要工具的新公共管理运动。整体性治理是对新公共管理治理过程中机构化和功能化行为所导致的政府部门各自为政、协调困难、管理碎片化、复杂化等问题进行批判和反思的结果，力求通过提供更完善、更低成本、更有效率的公共服务和公共产品，最终达到"善治"的目的。整体性治理的概念最早是在 1990 年由英国约克大学安德鲁·邓西尔（Andrew Dunsire）提出的，他阐述了控制理论和撒切尔主义，并指出"控制"在善治中的重要性。1997 年英国伦敦国王学院的佩里·希克斯（Perri Six）将其上升为整体性治理理论体系，并将其阐述为：以公民需求为治理导向，以信息技术为治理手段，以协调、整合、责任为治理机制，对治理层级、功能、公私部门关系及信息系统等碎片化问题进行有机协调与整合，为公民提供无缝隙且非分离的整体型服务的政府治理图式。

整体性治理理论强调由"分化走向整合"，核心目的在于跨部门、跨功能边界，整合组织各自独立的资源，实现政府的政策目标。整体性治理理论主要包括四个方面的内容：一是以公民为本。整体性治理模式目标是取得公共利益和信任，整体性治理是为了能为我们的社会提供更低成本和更好的社会效果及更有效的服务。强调以公民的利益为出发点和落脚点，保证政策公平性，着重解决公共治理矛盾，寻求公共利益最大化。二是合作是根本。根据希克斯的理念，他认为活动、协调、整合是整体性治理的三个核心概念。他认为治理层级和治理部门是一方面，整合部门的治理行为是第二方面，第三方面要进行大部门制度改革，第四部分要进行政府重组，最后一部分要实现预算的整合。三是整合目标和方法。整体性治理理论认为要实现整合目标，必须对方法和手段进行整合。如果组织部门的目标不一致，势必会导致许多矛盾，消耗公共资源。所以整体性政府要整合部门的目标，协调沟通实现目标的方法和手段，即整体性政府要求目标与手段之间不仅不存在冲突，还要相互增强。四是整合责任。整体性治理认为部门之间存在不信任是建立整体性政府最大的障碍。政府在实现公共政策的过程中，如果部门之间存在责任不清，进而导致部门不信任等情况，最终将导致部门沟通不畅和信息传导错误。所以整体性理论强调建立整体性政府必须整合政府部门的责任和权力，重建信任。

为此，希克斯将政府组织结构整合为三个方面，即"治理层级整合、治理功能整合与公私部门整合"。治理层级整合是针对上下级政府间的碎片化关系，强调政府层级数量的整合并建立政府间纵向关系的协调机制；治理功能整合主要解决政府部门之间分立与隔离的问题，倡导大部门式治理；公私部门整合是基于公共服务市场化改革的不断推进，政府组织结构由政府组织内部关系拓展至政府之外的私营部门，构建起公私合作伙伴关系。同时，希克斯也提出作为政府行政改革的新方向，整体性治理环境的形成有待政治、经济、社会的进一步发展，而"制度化"是其形成的关键。

2. 基于整体性治理理论的人才振兴研究

实现乡村振兴，整体性治理至关重要。而整体性治理的一个关键因素就是人才。只有让人们愿意回、回得去、留得下，乡村的内生动力才能持续。农民工返乡，能够不断促进广袤乡镇百业兴旺，以创业促就业、增收入，解决乡村发展动力不足的问题，有效整合乡村发展的新旧动力，从而打开农业现代化、城镇化乃至新乡村建设的新局面，成为乡村振兴的有力助推器。

吴国清认为，推动乡村人才振兴，需多措并举、多管齐下。一是要始终坚持"一个目标"，始终把实现乡村人才振兴作为谋划和推动工作的出发点和落脚点；把做好农业农村人才工作列入重要议事日程；把是否有利于乡村人才振兴，作为开展各项工作的重要考量；把是否有利于农业农村人才发展，作为评判工作得失的重要标准，始终坚持用人才发展引领事业发展，坚定不移地推进人才强农战略，不断强化乡村振兴的人才支撑。二是要突出开发"两种资源"，统筹推进本土人才培育和各类人才下乡。推进农业农村人才队伍建设，必须坚持两条腿走路。要激发内生动力，进一步加大本土人才培育力度。既要在"培"上下功夫，不断创新培养方式、拓展培养渠道、完善培养机制，满足他们的理念、知识、技能提升需求；也要在"育"上做功课，坚持在资金投入、要素配置、制度供给、公共服务等方面优先保障，大力发展乡村产业，促进农民就地就近就业创业，让他们务农有尊严、干事有平台、成功有褒奖、失败有保障，真正让农业成为有奔头的产业，让农民成为有吸引力的职业。三是要大力培育新型职业农民队伍。新型职业农民是发展现代农业的骨干力量。要以推进职业农民制度建设为统领，从队伍建设、教育培养、政策支持和社会保障等方面促进职业农民全面发展。优化新型职业农民培育工程结构，坚持面向产业、融入产业、服务产业，着力建机制、定标准、抓考核，形成"一主多元"的教育培训体系，实施好农业经理人、现代青年农场主和新型农业经营主体带头人等分类培育计划，促进新型职业农民与各类经营主体融合发展，加快构建一支数量充足、结构合理、素质优良的乡村振兴生力军。

就人才创新机制，谢文琼认为需要在五个方面着力。一是培育壮大创新群体。在美丽乡村建设中要创造交流平台，让农民可以受到大学、企业和研究机构的指导，提升生产效率和科学性，同时鼓励返乡农民和大学生创业，通过政策扶持和技术支持等促进农村创新创业群体多元化。同时要鼓励企业和农民创新，加快创新技术推广和使用。整合政府、企业、社会等资源，努力促进各资源要素向农村集聚。二是促进小农户和现代农业发展有机衔接。小农户是市场主体的重要组成部分,是实现循环农业的关键。同时,农产品的初加工在家庭模式下是最高效的,同时家庭模式也可以实现利益最大化。通过推动农业生产和社会服务,帮助家庭户和小农户节约成本,提高生产效率。还可以与先进企业合作,让企业进行指导和规划,提高小农户的组织管理水平。通过大企业的推广平台,创建特色本土品牌,构建农产品交流平台和组织,减少中间成本消耗,帮助小农户进入市场。支持小农户发展绿色生态农业,加大对小农户的服务力度,改善小农生产创业条件,增强其抵御市场风险的能力。三是创新乡村创业激励制度。就业是地方经济发展的根本保障,只有就业解决了,才能留住人才,才能保障乡村建设的发展根本动力。加快完善和创新相关财政支持政策,支持返乡农民低利息贷款。拓展对乡村创业人员的各项服务,为创新创业人员营造良好的环境。同时应完善相关的鼓励政策,支持高素质人才留乡发展,获得责任感、发展感、成就感和认可感。四是培育品牌产业。加大品牌培育补助,大力发展品牌农业,优化产业结构。鼓励农业经营主体规范化经营、企业化发展,培育一批有竞争力、影响力的本地农业龙头企业。鼓励农业科技创新,鼓励农业企业(合作社、家庭农场)开展农业物联网建设和应用,在农产品加工流通等领域,购置农业物联网技术相关的硬件和软件,推动新农业的发展。搭建新的平台,培育新型职业农民,让返乡人员有实现自我价值的地方。五是建设基层美丽乡村工作队伍。针对基层管理缺失问题,除了要发动基层自治,基层工作队伍也是非常必要的。按照不为所有,但为所用的原则,拓宽市级及以上"三农"工作部门和镇干部来源渠道,可以采取跟班学习或者轮岗和挂职锻炼的方式,深入基层工作,在实际的农村工作中释放自己的能力,提升自己的水平。同时鼓励企业人员在工作队伍中兼任,引进高素质的管理人员等。

(二)人力资本理论及其人才振兴研究

1. 人力资本理论

人力资本理论最早起源于经济学研究。20 世纪 60 年代,美国经济学家、芝加哥大学教授西奥多·舒尔茨(Theodore W. Schultz)和加里·S. 贝克尔(Gary S Becker)创立了人力资本理论,开辟了关于人类生产能力的崭新思路。

舒尔茨认为人力资本是促进国民经济增长的主要原因。在影响经济发展诸因素中，人的因素是最关键的，经济发展主要取决于人的质量，而不仅仅是自然资源的丰瘠或资金的多寡。人力资本是体现在劳动者身上的一种资本类型，即劳动者的数量和质量，具体以劳动者的知识程度、技术水平、工作能力以及健康状况来表示和衡量。人力资本和土地、资金等实体性要素在社会生产中具有同等重要的作用，可以通过投资而形成。人力资本的积累，才是社会经济增长的真正源泉。

贝克尔在发展人力资本理论方面作出了重要贡献。他认为，人力资本是通过人力资本投资形成的资本。人力资本投资是"通过增加人的资源影响未来货币与心理收入的活动"，主要是教育支出、卫生保健支出、劳动力迁移支出等，这些投资的共同点是能改进人的技能、增加人的知识、提升人的健康水平，从而提高人的货币或心理收入，这不仅在短期内能提高劳动生产率，而且可以长期发挥作用。关于人力资本的特性，贝克尔认为决定人类前途的并不是物质资本，而是人的智慧与能力。人力资本首先是一种人格化的资本，具有私有性质，表现为人的能力与素质，如何使用取决于个人；其次，人力资本生产率取决于拥有这种资本的人的努力程度，适当而有效的刺激可以提高人力资本的使用效率；最后，人力资本的价值是由人力资本的各项开支所构成，包括"机会成本"或"影子成本"。

综上，人力资本可认为是体现在人身上的资本，即对生产者进行教育、职业培训等支出及其在接受教育时的机会成本等的总和，表现为蕴含于人身上的各种生产知识、劳动与管理技能以及健康素质的存量总和。人力资本理论的核心论点是，人是影响现代经济发展的首要因素，经济发展的主要源泉并非空间、土地、自然资源等物质资本，而是人力资本；掌握知识、技能和能有效运用这种知识技能的专业化的人力资本具有收益递增的性质，进而推动总的规模收益实现递增，是经济长期增长的源泉和动力；人力资本开发的核心是提升人口质量，教育是提高人力资本最基本的主要手段，教育投资是人力投资的主要部分。

2. 基于人力资本理论的人才振兴研究

乡村振兴的首要任务是推进农村经济建设，促进农业经济不断增长，这主要取决于知识积累、技术进步和人力资本的水平提升。因此，必须从农村人力资本开发入手，增加农村地区的知识、技术和人力资本积累。

农村人力资本开发的关键是加大乡村教育投资。梁漱溟认为，乡村建设是改良中国社会的必由之路，而乡村教育是乡村建设的根本手段。他指出，乡村教育除教授农民知识和培养技能外，还要注重道德精神的改造和人格陶冶。通过精神陶冶，形成一种含有极充分、极强烈自信心和进取心的民族精神，进而形成一种强大的动能推动社会发展。晏阳初说，民众是伟大的力量，现在我们就要抓住这伟大的潜势力，教育他们，训练他们，组织他们，发挥其应有的力量。在人力资本开发教育中，知识技能的培训固然重要，但对人的精神塑造却最为关键。

乡村要通过教育提升乡村人力资本的知识技能和精神素养，就必须建立乡村人才教育开发机制，通过学历教育、技能培训、实践锻炼和人才引进与回流等途径提升乡村人力资本的数量与质量。为此，国家应加大乡村教育投资力度。一是设立农村专项教育培训基金，普及义务教育，改善教学条件，高等教育应向农村地区倾斜。二是通过教育并结合其他措施提高农村人力的个人收入，摆脱贫困，消除其"穷人心态"。三是通过各种优惠政策鼓励国有、民营及外资企业到乡村进行项目投资，让农村人力通过"边干边学"提升技能和积累经验，使他们开阔眼界，增长见识。四是鼓励企业家、党政干部、高校学者、技术专家等社会精英到乡村任职，会同乡村干部一起对农村人力资本进行教育开发。五是加强农村基层党组织建设，通过建立农村基层组织党员联系人帮扶措施，由党员带头移风易俗，改善农村人力的精神面貌和提升农民的文化素养，引导农民自我管理、自我教育和自我提升。

程传兴认为，解决乡村人才短缺问题，最重要的是加大对农村人力资本的投入，做好乡村人才培养工作。一是着力培养新型职业农民，这是解决"谁来种地""如何种好地"问题的根本途径。因此，政府需要建立健全农业职业培训体系，加大对新型职业农民的培训力度。要把具有较高的农业科技水平、较强的市场经营能力、崇高的社会责任感和爱农兴农情怀作为新型职业农民的培养目标。新型职业农民的培养应该就地取"才"，培养造就本土人才是缓解农村人才总量不足的直接路径。要把具有一定产业基础的务农农民作为培养提高的对象，把到农村创业兴业的返乡农民工、中高等院校毕业生、退役士兵、科技人员等作为吸引发展的对象。要创新培养机制、探索新的培养模式，切实增强培养效果。培育一批农业职业经理人、农场主、种养大户、农民合作社和集体经济组织带头人，进一步优化新型职业农民人才队伍。二是要大力挖掘乡村各类能工巧匠、传统技艺传承人，继续加强培养，不断提高其技艺水平，还要加强乡村其他各类实用人才的培养，以适应乡村经济社会文化发展的需要。三是要大力发展乡村基础教育和职业教育，切实全面提升乡村未来劳动力的素质和能力，为乡村振兴打好坚实的人才基础。四是，采用多方聚才的方式，鼓励引导城镇各界人才投身乡村。通过各种方式吸引支持企业家、专家学者、医生教师、建筑师、律师、技能人才等下乡，特别要注重发挥乡贤的作用。不仅要以乡情乡愁为纽带用感情留人，更要以事业聚人。各地需因地制宜，从本地资源和区位特点出发，编制适合回乡人员投资和建设的项目，为人才提供干事创业的舞台。鼓励人才领办创办家庭农场、农民专业合作社和农业龙头企业，发展优势特色农业和农村新产业新业态。有条件的地区还可推动乡镇农业示范园和工业园区建设，吸引返乡人员进入园区投资兴业，调动他们的创业热情，激发他们的创新活力。此外，还要营造良好的人才生存环境。一方面，以乡村振兴的相关人才制度供给为切入点，逐步建立健全"三农"人才的培养、管理、激励、保障机制，推动形成乡村人才振兴长效制度体系，为人才干事创业营造良好的环境和条件。另一方面，建设宜居乡村，使乡村拥有优美的自然环境、和谐的社会环境和良好的生活条件，让乡村成为居民享受现代化发展成果的家园，干事创业的基地，提升乡村对人才的吸引力。

赖德胜、陈建伟等认为，培养亲农、支农和爱农的人力资本，引导和鼓励人力资本向乡村配置，提高人力资本配置效率，是统筹实现乡村振兴总要求的有效手段。具体表现在：引导和鼓励人力资本向乡村流动和配置，提升农业劳动生产率，是实现"农业强"的必经之路；推进乡村绿色发展，推广绿色生活模式，是实现"农村美"的重要着力点；降低农村贫困率，提高农村人口收入，是实现"农民富"的治本之策。就加强乡村人力资本积累，改善人力资本配置，提高人力资本回报，实现人力资本与农业经济高质量发展的良性循环方面，他们提出：一要加大农村教育供给侧改革力度，为现代职业农民的培养奠定坚实基础。首先，要加快乡村地区公办学校的标准化建设，强化乡村学校师资力量，不断提升乡村学校的办学质量；其次，要加大乡村职业教育的投入力度，推动职业院校结构调整和城乡优化布局，以县城职业教育中心建设带动乡村现代职业教育体系建设，为实施乡村振兴战略培养大量懂农业技术、懂农产品市场经营的职业农民。二要深化农村劳动力市场制度改革，完善现代职业农民制度保障网络体系，加大农村社会保障覆盖力度，不断提高职业农民的就业质量。

三要大力破除制约返乡劳动力创新创业所面临的市场、金融和土地要素约束，完善支持返乡劳动力创新创业的政策体系和公共服务体系，通过产业转移、产业升级和产业融合带动返乡农民工创业。四要有针对性地实施乡村人才工程，将更多人才配置到乡村干部队伍，有效地改善乡村领导班子人才结构，促进乡村社会治理能力和治理水平的现代化，为乡村治理注入更强的生机和活力。五要完善农村经济的服务网络体系，如农产品的保鲜储存、快速运输、技术指导、数字化信息传递等中间服务供给体系，以更好地服务于农业生产者，推动农业经济高质量发展。

（三）胜任素质理论及其人才振兴研究

1. 胜任素质理论

对现代胜任力的研究起源于美国人力资源管理领域。1959 年，美国心理学家罗伯特·怀特（Robert W. White）首次提出与人才识别、个性特征相关的"胜任力"（competence）概念。1973 年，美国心理学家哈佛大学教授戴维·麦克利兰（David C. Mcclelland）对"胜任力"做出系统阐述，他在发表《测量胜任力而不是"智力"》一文中提出了较为完整的"胜任力体系"，即"胜任力可以是动机、特质、自我概念、态度或价值观、具体知识、任职或行为技能，也是可以被准确测量或计算的某些个体特性，这些特性能够帮助我们明确地区别出优秀绩效执行者和一般绩效执行者，或者说能够让我们明确区别出高效的绩效执行者和低效执行者"，并将影响工作业绩的"知识、技能及其他内容"等个体条件和行为特征界定为"胜任素质"。之后，不少研究者对这一概念做了深入分析。比如，威廉·J. 罗思威尔（William. J. Rothwell）博士将胜任素质界定为能带来有效工作绩效的个人潜在特质；斯宾塞夫妇（Spencer L M，Spencer S M）进一步认为，这种潜在特质是区别卓越者与普通者的一种深层次的个体特征，即"冰山模型"中的"冰山下部分"，包括角色定位、对自我的认知、性格特质以及行为动机等。在此基础上，特伦斯（Terence H）将胜任素质综合概括为是一种行为表现、一种品质和标准，以及个体潜在的知识、技能与态度。综上，"胜任素质"主要形成了"行为观""特质观""综合观"三类解释，主要包含两个层次的理解：在浅层次上，体现为个体的知识、经验与技能，是一种与工作任务相关的"显性行为"；在深层次上，表达为个体的动机、态度、价值观等，是一种与个体属性相关的"隐性特质"。

胜任素质概念提出后，被广泛应用于政府、企业等人力资源管理实践，并引发了后来学者们对"胜任力模型"的建构与思考。所谓胜任素质模型（Competency Model），是指承担某项特定任务所具备的一系列关键能力要素的总和，可理解为一个决策工具，或者一种胜任特征结构与框架体系。围绕"胜任素质模型如何构建"的核心问题，不少研究者做了深入探讨，其中，最具代表性的是冰山模型（Iceberg Model）和洋葱模型（Onion Model）。冰山模型将个体的胜任素质主要分为"冰面以上"和"冰面以下"两个部分，前者主要包括基本知识、经验和技能，是易观察和习得的"表象行为特征"；后者侧重于自我概念、特质和动机等，是不易习得的"潜在个体特质"，这些特征由上至下层层深入。洋葱模型是对冰山模型的进一步细化并增加了价值观、态度等关键要素，主要将胜任素质理解为一个由外到内、由表及里的层层深入的空间结构，内层主要包括动机和特质，中间层包括态度、价值观、自我形象、社会角色，外层为知识和技能。概言之，两大模型都较为注重对胜任力要素的类别划分，并强调潜在特质的关键作用，而洋葱模型厘清了各要素之间的层次关系，特别是对"潜在特质"进一步细化，使其能更全面、完整地衡量个体的胜任素养。

　　2. 基于胜任素质理论的人才振兴研究

　　新型职业农民是乡村振兴的主力军。新型职业农民是具备一定的科学知识、农业生产技术、经营管控能力，将农业作为主要收入来源的高素质人员，是当前农业生产、经营的主要个体。有文化、懂技术、善经营、会管理，是新型职业农民的特征。

　　朱彬彬等研究认为，新型职业农民胜任力主要由三个维度组成，包括个人特质、职业素质和专业知识。在新型职业农民胜任力模型中，职业素质和专业知识这两个维度属于外在层面的胜任素质，其中职业素质是指新型职业农民所具备的思维方式，包括互联网思维、产品导向思维和市场机会的识别、信息寻求和学习能力、超前意识和创新意识、风险意识；专业知识指新型职业农民所具备的农业生产知识、技能、经验以及对农产品及服务的认知能力。个人特质维度则属于内在层面的胜任素质，指新型职业农民所具备的生理和心理方面的能力，包括合作精神、乐观与自信、身体健康、勤奋务实以及良好的个人品德等。个人特质很难通过培训、教育来提高，但内在层面的胜任力能激发外在层面的胜任力，通过职业素质促进专业知识的提高，最终能提升个人素质能力。这个模型基本符合麦克利兰

（Mcclelland）提出的传统素质冰山模型。

宋艳琼以《胜任力分级素质词典》为分析基础，通过对职业农民进行分析，她认为"胜任素质"应当包括身体健康、组织和经营管理、文化素养、生产与工作经验、相关专业及财务的知识、专业技能特长、学习与模仿掌握政策、信息采集与分析、人际关系与沟通、法律意识、开拓精神与冒险、竞争与诚信经营等要素。职业农民的素质模型包含三大因素：一是职业素质，涉及对农业的热爱、社会与家庭的责任、成功幸福的追求、个人魅力与影响力、自身坚持不懈的意志、荣誉、地位、组织经营管理能力、人际关系等；二是专业知识，其中包含财务专业技能、信息采集、分析、学习模仿、文化素养、市场开拓、决策、环境保护、法律意识知识等；三是自身特质，涉及身体健康程度、乐观自信的态度、生产工作经验等。

陈春霞研究发现，新型职业农民胜任素质模型是一个多维度的特征组合，由"元素质""过程性素质"以及"整体化设计素质"等三大模块构成。其中，"元素质"作为起点性的根本要素，由创业动机、人格特质、创业学习和职业承诺四因子组成；"过程性素质"作为与农场的生产管理运行流程息息相关的具体素质，由农场生产管理与情境领导、互联网创业营销、农场财务管理三因子组成；"整体化设计素质"作为将工作任务放到整个系统中个体需要具备的特征，由决策创新力、市场商机识别、风险承受力、关系资本积累力、社会责任承担五因子组成。以上构成了新型职业农民"三模块、十二维度"的素质特征。立足于对新型职业农民发展规律的全面分析，陈春霞从培育理念转变、培育体系完善、培育目标明确、培育价值提升、培育路径建构、培育师资保障等方面提出新型职业农民培育策略，回答了"新型职业农民应该如何教"的问题。其中，在具体培育路径上，应该依据"主要来源群体"进行分类职业教育培训，依据"重点年龄阶段"进行分段职业教育培训，依据"职业发展阶段"进行分阶职业教育培训，依据"农业经营规模"进行分层职业教育培训，依据"农业经营产业"进行分组职业教育培训，从而真正充分尊重个体特质及学习需求的差异性。

（四）推拉理论及人才振兴研究

1. 推拉理论

推拉理论是人口学上极重要的宏观理论，是关于人口流动与迁移的重要理论,指有利于改善生活条件的因素成为促使人口流动的拉力,而流出地不利的生活条件就是推力。其起源可以追溯到19世纪,英国学者雷文斯坦(Ravenstien)最早对人口迁移进行研究,他提出人口迁移七条规律:第一,人口的迁移主要是短距离的,方向是朝工商业发达的城市的;第二,流动的人口首先迁居到城镇的周围地带,然后又迁居到城镇里面;第三,全国各地的流动都是相似的,即农村人口向城市集中;第四,每一次大的人口迁移也带来了作为补偿的反向流动;第五,长距离的流动基本上是向大城市的流动;第六,城市居民与农村居民相比,流动率要低得多;第七,女性流动率要高于男性。

而在研究人口流动的动因方面,巴格内(D. J. Bagne)在其《人口学理论》中首先提出推拉理论,他认为,人口流动的目的是改善生活条件,流入地有利于改善生活条件的因素是拉力,而流出地不利的生活条件是推力,人口流动就由这两股力量前拉后推所决定。在巴格内之后,许多学者都对拉力和推力进行了进一步研究和修正,如迈德尔(Mydal)进一步强调了推力对于人口迁移的作用,索瓦尼(Sovani)、贝斯(Base)、特里瓦撒(Trewartha)进一步强调了拉力和推力之间的相互作用。该理论的核心观点认为,人的迁移行为受到来自迁出地和迁入地两个不同力的作用——迁出地产生人口流动的推力,迁入地产生人口流动的拉力。推力主要是由经济收入低、失业、生活条件不便利、气候条件不适应等因素形成;拉力主要是由收入高、就业机会多、个人发展空间好、生活环境优越等因素形成。拉力和推力是同向的,当推力和拉力足够大时,人口的迁移行为一般就会产生。1960年,英国学者李(Lee)发展并延伸了推拉理论,第一次明确区分了影响人口迁移的因素,除了"拉力因素"和"推力因素"外,补充了第三个影响因素——中间障碍因素。中间障碍因素主要包括距离远近、物质障碍、语言文化的差异,以及移民本人对于以上这些因素的价值判断,人口迁移是由拉力、推力、中间障碍三因素综合作用的结果。综上可见,影响人迁移行为的因素除了推力和拉力外,还受到诸如迁移距离、迁移成本以及个人的性别、年龄、文化程度等因素影响。所以,即使在相同的推力和拉力作用下,每个人的实际迁移状况也还是不同的,有些人会发生迁移行为,而有些人则不会发生迁移。

按照推拉理论的观点,在完全市场经济条件下,农村人口向城市流动的过程,简单地说,是市场机制自发地对劳动力资源进行重新配置的过程。流出人口本身既是理性的经济人，也是劳动力资源的物质承担者，其流动的过程既是个体重新选择就业的过程，也是劳动力资源由农村向城市流动的过程。作为劳动力个体，其自身的价值选择和劳动力资源的逐利性决定了人口自由流动的方向和数量，其价值选择过程和流动就业过程是市场中同时存在着的推力和拉力共同作用。具体而言，农村的耕地不足、就业不足、教育、医疗等基本生活设施的缺乏，以及关系的疏远及紧张、自然灾害等构成了农村作为流出地的推力，这些因素促使劳动力向城市迁移；同时，城市具有的更好的就业机会、更高的工资、更好的教育资源、医疗条件等构成了流入地的拉力，这些拉力因素吸引劳动力向城市迁移。

2. 基于推拉理论的人才振兴研究

乡村振兴战略背景下，实现乡村人才振兴必须要回答人才从何而来、如何留住并用好人才等系列关键问题，以调动乡村成员发展积极性，增强乡村内生发展动力，达到助力乡村振兴的目标。利用推拉理论来分析乡村振兴战略背景下乡村人才振兴机制具有一定的可行性。

基于推拉理论，郭星华、王嘉思从农村推力和城市拉力的作用机制辩证地探讨了影响农民工流动的因素。就农村的"推力"而言，最大"推力"是农村经济不发达。西部地区大量的农民面临人多地少、收入微薄的艰难生活困境，农村的贫困构成他们进城打工的巨大"推力"。对于新生代农民工而言，即使农村经济水平相对从前有所提升，他们仍然向往城市、选择城市，一方面，这是因为农村依然相对贫困，文化和生活方式上相对"落后"，到城市就业能获得更高的收入，提高生活质量；另一方面，新生代农民工大多缺少务农的经验，对农村劳动生产缺乏心理认同和技能储备，他们对城市的认同甚至远远大于对农村的认同。除了农村的"推力"，农村温厚的乡土人情和土地对外出的农民工也有"拉力"作用。家乡的亲人是农民心中浓烈的情感寄托，而土地是农民外出务工后最后一道生存保障，是养老和还乡的生存依托，这些因素构成农村对农民工的"拉力"，只不过相较于农村的"推力"，"拉力"作用已经越来越小。就城市的"拉力"而言，城市对新生代农民工的吸引在于其经济收入、就业机会、城市文化等方面明显优于农村。除了城市的"拉力"，城市对农民工在迁徙、居住、工作和求学四大权利上也有较大"推力"。在中国户籍制度的框架下，农民工受到长期的制度性排斥，他们很难完全实现城市融入。"农民工面临的问题仍然十分突出，主要是：工资偏低，被拖欠现象严重；劳动时间长，安全条件差；缺乏社会保障，职业病和工伤事故多；培训就业、子女上学、生活居住等方面也存在诸多困难，经济、政治、文化权益得不到有效保障。"但总的来看，在农村"推力"和城市"拉力"的共同作用下，农村人口倾向于向城市流动。

李晟、樊亚东基于以上分析，认为人才引得来、留得下需要外部推力，更需要加大内部拉力、提高人才和乡村之间的黏性，同时给予人才乡土情感价值归属。他们将乡村人才划分为内生型、扶持型、回流型和引进型人才四类，从坚持引培并重、内外并用丰富人才资源、甄别人才流动因素、提高人才留村意愿，构建人才振兴体制机制、提升实效质量等角度提出了乡村人才振兴举措。顶层设计上，强化政府体制机制的引导，为人才振兴提供优越的引才环境；底层逻辑上，营造乡村生活生产场景，为人才振兴提供良好的留才环境；具体执行上，激发人才个体的乡土情结，运用乡村文化价值形成人才与乡土之间的纽带，真正让人才留下来、稳下来。

（五）场域理论及其人才振兴研究

1. 场域理论

场域理论是社会学家皮埃尔·布迪厄（Pierre Bourdieu）提出的社会实践理论概念，主要包括场域、习惯和资本三大要素。从关系的角度而言，布迪厄将场域定义为各种位置之间存在的客观关系的网络或构型，客观关系是处于不同位置的行动者之间的力量关系。布迪厄进一步指出，在特定场域中，行动者的地位是其习惯和所处场域的位置之间相互作用的结果，这些位置是由占据者在资本的分布结构中目前的或潜在的境域所决定的，而占有这些资本可以实现对这个特定场域特殊利润的控制。习惯则是指人们在社会生活或存在的各种习性的总和，既是行动者的内心情感结构中的主观精神状态，又是外化的客观活动；既是行动者主观心态向外结构化的客观过程，又是历史的及现实的客观环境向内被结构化的主观过程。布迪厄将资本界定为行动者的社会实践工具，这种工具是行动者积累起来的劳动，包括经济资本、文化资本、社会资本以及符号资本，且每种资本类型均具有可传递性和可转换性。场域、习惯与资本具有相依共存的密切关系。场域制约与形塑着习惯，为新习惯的形成提供孵化条件。习惯又建构着场域，为新场域的形成提供延展性力量。在一定场域下，资本的有效获取助推着落后习惯的破除和新习惯的形成，而新习惯的形成又有助于积极资本的增值。此外，场域的不断更新发展也会促使新资本的出现和有利资本的形成；反之亦然。概言之，场域、习惯、资本三大要素相互作用、相互渗透。

根据场域理论，作为整个国民教育重要组成部分的职业教育属于教育场域，乡村人才振兴作用于乡村振兴场域，故有"职业教育服务乡村振兴"之说。乡村振兴场域与教育场域存在深层次的关联性，由此，可用场域理论中的三大要素系统分析职业教育赋能乡村人才振兴的理论逻辑。一方面，乡村振兴带来了乡村新发展，而以往乡村的固有观念与落后习惯仍制约着新型乡村的健康发展，构建着落后农村这一特殊场域；另一方面，职业教育场域同乡村振兴场域的有机耦合，逐渐促成农民新的习惯，构建着乡村振兴这一特定场域。此外，新型场域与新习惯的交互，有助于乡村获取积极资本的力量，破解不合时宜的习惯，打破以往落后乡村发展的恶性循环链，从而形成符合时代发展的新习惯，努力贯彻乡村振兴战略所提出的"乡村振兴，人才是关键"的主张。

2. 基于场域理论的人才振兴研究

人才振兴是推进乡村振兴全面深入实施的首要因素和关键所在，而职业教育则是撬动乡村人才振兴的重要"杠杆"。基于职业教育场域，王思瑶等认为职业教育服务乡村振兴，其核心是通过职业培训，帮助乡村人才在思想上认识到乡村振兴的极端重要性，坚定参与新型乡村建设的信念，提高知识技能水平，提升创新创业能力，增强公共服务能力，即实现自身技术、技能、人力、心理、社会资本增值以助推乡村人才振兴。一方面需要构建"多方协同"的育人平台。在乡村振兴场域，为实现脱贫攻坚与乡村振兴的有效衔接，激活乡村人才振兴的内生动力，关键在于铸造"政府引导+乡村田野+企业基地+职业院校"的协同化育人平台，充分发挥"四位一体"育人平台的力量，以新型乡村发展实际需求为基准，按照"缺什么补什么"原则，设计"订单式"人才培养方案，培养应用型农业农村人才。另一方面需完善"技术支持"的教学服务。建设面向乡村人才的在线学习资源库和辅导专线，为人才培养提供针对性强的学习资源，实现。慕课、微课等同步式和异步式远程教学方式能有效解决职业教育集中学习时间不便安排的问题，虚拟现实技术（VR）与增强现实技术（AR）能有效解决职业教育实操教学资源匮乏的问题，还可实现线上对学员学习情况的精准监督和管理。

乡村人才振兴是一个动态发展的过程，这就要求推进乡村人才振兴的职业教育遵循人才发展的持续性特征，逐渐完善教育培训后的服务机制，加强对于乡村人才的跟踪指导服务，既彰显乡村人才振兴的必然要求，又可以确保乡村人才得到高质量、高效率的持续发展，更好地服务乡村振兴。

四、文献综述

（一）乡村振兴的起源

乡村振兴最早的提法，来自社会主义新农村建设。早在 20 世纪 20 年代至 40 年代，梁漱溟、晏阳初等一批知识分子就从不同角度提出乡村建设的思想，并身体力行开展乡村建设实验，但由于当时的研究偏重文化教育，且缺乏基层民众的广泛支持，因而振兴乡村的效果并不明显。而当时中国共产党在根据地开展的乡村改造与建设运动满足了贫苦农民的根本需求，得到了农民最坚决的支持、拥护和参与。1949 年新中国成立以后，政府在农村推行以集体化与合作化为特征的社会主义改造，这种单方向的资源转移，使乡村建设的能力被严重削弱。1978 年以后，农村改革通过扩大农村自由发展空间，确立工农产品市场化交换机制，破除农村剩余劳动力城乡转移障碍，提升农民权利和增加发展机会，激发农民发展乡村、建设乡村的热情，使乡村面貌得到显著改善。2005 年以后，新农村建设使乡村的基础设施、人居环境、生产条件和公共服务均明显改善；党的十八大以后，建设美丽乡村成为新的奋斗目标。

2017 年党的十九大正式提出乡村振兴战略，其中人才振兴是乡村振兴的关键因素。2017 年乡村振兴及其人才振兴研究开始兴起。2018 年 1 月《中共中央 国务院关于实施乡村振兴战略的意见》印发，2021 年 2 月中共中央办公厅、国务院办公厅印发《关于加快推进乡村人才振兴的意见》，要求各地区各部门结合实际认真贯彻落实。上述指导性文件的出台和实施，有力地推动强化了乡村人才振兴政策的系统集成，同时引发了学界研究乡村人才振兴的第二次热潮。

（二）文献研究内容的梳理

乡村人才振兴作为新时代乡村振兴的关键，已经成为学界研究的焦点、热点。由于人才振兴是一项综合系统的工程，学者的关注点并不一致，从而形成了对乡村人才振兴不同角度的研究。经搜索整理，笔者发现学界主要对乡村人才振兴的重要性、困境、动力机制、供给机制、教育对策、专门人才培养等方面展开了研究。

1. 乡村人才振兴的重要性研究

乡村人才振兴的重要性，学者们的研究多少都有涉及，但专门研究乡村人才振兴重要性的代表性论文主要有：李博的《乡村振兴中的人才振兴及其推进路径——基于不同人才与乡村振兴之间的内在逻辑》一文，他从人才发展与乡村振兴二者之间的内在关系出发来讨论不同人才在乡村振兴中所发挥的作用以及促进乡村振兴的内在逻辑对乡村人才振兴研究具有重要意义，具体研究农村实用人才、村三委成员及党组织带头人、返乡就业创业人员、乡村教师、医生、农业科技人员等对所在行业的影响。

2. 乡村人才振兴的困境研究

影响乡村人才振兴的因素很多，学界有所关注，这些因素成为学界研究乡村人才振兴均要关注的话题，因为这是破解乡村人才短板的前提。影响乡村人才振兴的因素很多，有机制困境、文化困境、服务困境、制度困境、资金困境、基础设施困境、人才政策困境等。具有代表性的论文有曹丹丘的《乡村人才振兴的现实困境与路径探索——以青岛市为例》，该文从人才工作的角度研究了农业农村人才总量不足、人才素质有待提升、农村对人才返乡缺乏吸引力、乡土人才培育模式等方面的现实困境。

3. 乡村人才振兴的人才机制与供给机制研究

人才机制是更为广阔的研究，人才供给机制主要侧重研究人才供给的机制。持续为乡村人才振兴提供服务，需要长期的人才供给机制来推动。乡村人才振兴的人才机制、人才供给机制成为学界研究的一个焦点问题。王富忠的《乡村振兴战略视域下乡村人才机制建设研究》一文认为，乡村振兴必须把人才资源开发放在首要位置，坚持两条腿走路，将大力开发内生型人才和吸引外来人才献身农业农村有机结合，建立健全乡村人才选拔、引进、管理、激励、培养培育等机制。研究乡村人才振兴人才供给机制的代表性文章有王武林的《乡村振兴的人才供给机制研究》，该文以贵州省为研究对象，研究提出，新时代应搭建"引进+培育+配备+机制"的乡村人才供给机制，多方引进增加人才存量，分类培育提高人才素质，发挥人才作用，完善机制提供有力保障。

4. 乡村人才振兴的教育对策研究

乡村人才振兴的关键是人才的培养和教育。因此，教育振兴和教育培养是乡村人才振兴的关键。学界纷纷对此开展研究，这个论题也成为学界研究破解乡村人才振兴困境的最热点。其中，尤其是以研究职业教育助力乡村人才振兴最为典型。以职业教育助力乡村人才振兴的价值、存在的问题与对策等为研究主要的内容，代表性文章有徐春梅的《职业教育服务乡村人才振兴的价值追求与功能定位研究》，该文认为，职业教育是实现乡村振兴的重要支撑，要提升职业教育对乡村人才振兴的适应性，我们必须明确乡村振兴背景下职业教育培养"人"的价值追求，并针对乡村振兴在人才的数量、质量、结构等方面存在的问题，厘清职业教育培育乡村经济发展的引领者、培育乡村生态美化的维护者、培育乡村文化存续的传承者、培育乡村治理有效的践行者等方面的功能定位。因此，职业教育应聚焦于乡村不同群体的差异化需求，充分促进乡村人才高质量融合发展，深入推动乡村人才振兴的可持续均衡发展。

乡村教师、乡贤等乡村本体的精英型人才，是乡村人才振兴的本体人才培养的关键部分，学术界也针对这类人才开展了不同程度的研究，主要集中于乡村教师及乡贤的培养和作用发挥方面。研究乡村教师的人才振兴作用的代表性文章如马永全的《论乡村教师作为乡村公共服务人才》，该文认为，乡村教师作为乡村公共服务人才，可以从履行乡村教育职责、服务乡村精神文明建设、弘扬乡村优秀传统文化、参与乡村社会治理等方面加以建设发展。徐学庆的《乡村振兴背景下新乡贤培育的路径选择》一文认为，乡村乡贤的建设应从提高思想认识，高度重视新乡贤培育工作、改善乡村条件、弘扬新乡贤文化、建立新乡贤联络制度、强化组织建设、加强教育培训等方面加强。

农民是乡村振兴的主体，乡村人才振兴的基础型主体力量是农民，培育新时代的新农民应该成为乡村人才振兴的基础工作，这也成为学界研究乡村人才振兴的热点之一。徐进的《乡村振兴推进新型职业农民培育的现实挑战与实现路径》认为，乡村农民的培育建设应立足新时代，从落实政策扶持、完善职业教育培训体系、甄选培训对象、强化保障措施和能力等方面开展。

5. 乡村人才振兴的专门人才建设问题研究

培养新兴农民是乡村人才振兴的一个重要工作，培养乡村振兴需要的各类专门人才是乡村人才振兴的重要措施。

一是关于科技人才的建设问题及其相关的研究。乡村振兴，需要科技推动，科技人才至关重要。学界对此开展大量的研究，研究乡村科技人才的培养和供给、使用等问题，这些成为学界研究乡村人才振兴的一个热点。彭杰的《新形势下服务乡村振兴农业科研人才发展路径研究》一文，以江苏徐淮地区淮阴农业科学研究所（又称淮安市农业科学院）为例，通过开展针对农业科研人才发展需求的调查，提出了在完善农业科研人才培养机制、健全农业科研人才奖励激励机制、加强科研立项资助与平台建设、发挥党员型专家先锋模范和党建与院所文化引领作用等方面做好服务乡村振兴农业科研人才发展工作的对策。

二是关于管理人才、社会工作人才等的建设问题及其相关问题的研究。乡村振兴，需要管理的推动，需要社会工作者的助力。管理人才和社会工作人才是乡村人才振兴的重要内容，对乡村振兴具有重要作用，学界对此也进行了大量的研究。针对管理人才振兴的研究，主要集中在研究乡村基层干部队伍的建设使用和驻村干部的建设问题，其中的代表性文章有：林月丹的《乡村振兴背景下农村基层干部素质提升研究》该文提出，在乡村振兴战略下，切实把政治领导放在党对农村工作领导最重要的位置上，通过加强党的建设、组织开展学习培训、改善农村基层干部的队伍结构、注重人才培育等方法提升农村基层干部队伍水平。社会工作者，主要是乡村人才振兴中的志愿者与参与社会工作的这部分人才，这类人才对乡村社会建设也是非常重要。学界也非常关注乡村社会工作队伍的振兴问题，如卫小将的《乡村振兴背景下农村社会工作人才队伍建设研究》一文，针对农村社会工作人才队伍建设存在的总量稀少、覆盖面窄、碎片式发展、定位不清、功能分化、本土化不足等问题，提出实施"一村一社工"和"社工驻村模式"；创新农村社会工作人才教育培养机制，推动教育、研究和实践相结合；借助信息科学技术提供远程培训与专业服务；大力培育农村社会组织，发挥"孵化器"作用，提出友好型专业发展生态环境等方面的对策。

三是关于电商人才、会计人才。数字乡村的建设问题及其相关问题的研究，网络经济发展，需要乡村电商人才的建设与使用。乡村经济发展，也需要会计人才的助力。电商人才、会计人才作为乡村人才振兴的两类专业人才，成为学界关注的又一个重点。

研究乡村电商人才振兴问题的代表性文章有李玉龙的《电商人才培养助力乡村振兴的可行性路径研究》，该文认为，数字经济时代，电商人才在乡村振兴中发挥着越来越重要的作用，我们应加强对新时代乡村电商人才的培养，该文最后还提出了高等教育对电商人才培养模式的可行性路径。

会计人才是乡村中经济发展的重要专业性人才，学界对会计人才也开展了关注和研究，其中代表性文章如刘文静的《乡村振兴背景下农村会计人才培养模式的优化路径》，该文认为，改变现有的农村会计人才培养模式应采用多元化的培养模式，并采用传统手段和现代信息技术相结合的手段。

四是关于生产人才以及旅游人才的振兴问题及其相关问题的研究。产业人才、生产人才是乡村人才振兴的重点之一。学界也表现出不同程度的关注和研究。这方面的代表性论文如余永跃的《返乡创业浪潮下我国农村产业人才供需失衡问题与对策——基于六种产业融合模式》。该文认为，面对六种不同的农村产业融合模式，我国农村产业融合发展面临着人才供需失衡问题，当下我们应抓住产业人才供需缺口及其差异性现实问题，有针对性地引进和培育各类急需人才。乡村具有独特的风光，乡村旅游发展可以带动乡村发展。要推动乡村旅游高质量发展，就需要专业的、高素质的旅游人才，这方面的代表性论文如刘立红的《职业教育服务乡村旅游人才培养存在的问题与策略》。该文从职业教育的角度，提出深化旅游专业教育教学改革、搭建创新创业平台、构建多元立体职业培训体系等措施培养复合型、技能型、创新型乡村旅游人才的对策。

（三）简要评论

从以上文献我们可以看出，学界在研究乡村人才振兴方面进行了很多的努力和探索，绝大多数学者都能准确把握乡村人才振兴存在的问题，并提出切合实际的对策及建议，但研究内容上存在低水平的重复现象。笔者梳理众多文献发现，绝大多数学者的研究结构都是问题和对策，暂没有研究对乡村人才的概念和分类体系进行讨论和学科构建，致使现有研究缺乏系统性。此外，现有研究在对人才振兴的对策及建议方面也较为笼统，没有对人才振兴措施实施后的效果及遇到的问题进行深入分析。

这些研究存在的问题大体可以分为两类：一是研究选题上，一般都是以国内乡村人才振兴为话题开展研究，关注国外发达国家乡村现代化建设中人才振兴的诸多举措和成就数量非常不足，尤其是开展的系统性研究数量非常不足。殊不知，国外发达国家，尤其是农业发达国家，有很多值得我们学习研究的地方，其中人才振兴方面就有很多值得研究的空间。二是研究内容上，研究乡村人才振兴的整体问题和细节问题，也能提供一个研究可能的发展方向，但是目前学术界对这两个方面都研究不够深入。这些不足，为本书开展研究提供了诸多研究的空间，也是本书力图要解决的研究问题。

第三章 国内外乡村人才振兴措施及启示

2022年12月我国召开中央农村工作会议，提出了建设农业强国的宏大目标。人才兴，农业兴；人才强，农业强。要建设农业强国，关键在于人才强国战略的实施。可行的人才强农的举措，需要各方面的共同努力，需要借鉴国内外先进的乡村人才振兴的经验。因此，这一部分，笔者专门选取了国际上农业发达国家的案例，比如美国、德国、日本的乡村振兴以及乡村人才振兴的案例来开展研究和探索，也选取了在国内走在发展前列的浙江省的乡村振兴和人才振兴案例来研究和探讨。在研究和探讨过程中，笔者主要研究美国、德国、日本以及我国浙江省在乡村人才振兴以及围绕乡村振兴采取了哪些举措，取得了哪些成就以及这些举措、成就背后的启示，希望能为当下全面推进乡村振兴、建设农业强国提供一些借鉴和参考。在美国的乡村人才振兴案例研究中，笔者重点研究其人才振兴的特色举措，比如采用法治的手段推进乡村人才振兴，这非常有现实意义；在农业职业教育上，美国注重开展学校与民间组织各种形式的农业从业人员的培训教育；在经费保障上，主要体现在支持农业研究上的大量资金投入；在农业发展的服务上，美国政府更是无所不做、无所不包，做到了农业发展的服务全覆盖。在德国，德国农民工资高于工人，为什么？其中一个原因，德国对农民的要求是很高的，农业从业者需获得相应的农民技能资格证书；同时，德国实施了全球闻名的企业与学校共同培育人才的二元制职业教育模式，从理论学习与实践训练结合上大大提高乡村人才培养的质量。日本从工业布局和教育布局上对农村发展进行了倾斜。而在我国浙江省，出现多种乡村振兴、乡村人才振兴的模式，比如浙江省台州市黄岩区乡村人才振兴的最大特点，就是站得高、看得远，与高校合作培育人才，这样保证了乡村人才培养的质量；云和县采用云和师傅的劳务品牌的人才培养模式，这是一种直接与农业各个领域挂钩的技能培训办法，能够在很短时间内起到很好的效果。以下，笔者将开展较为详细的研究和探讨，试图发现其中的规律和秘诀，主要研究美国、德国、日本和我国浙江省如何围绕农业农村农民现代化的中心议题，做好乡村人才振兴的各个环节的工作，包括人才的培训教育、人才技能提升的各类服务指导、人才本身的汇聚和增加、人才技能的实践训练等方面的问题。

一、美国乡村人才振兴措施及特征

美国作为一个农业非常发达的国家，其农业发展很发达，取得了很多成就。美国农业能取得这些成就的主要原因，就是美国非常重视农业发展的立法、保障了经费的充分投入和具有发达周全的农民职业教育体系。美国在乡村人才法治建设、投入保障、职业教育体系上做了大量工作，取得了很多成就，有很多可以总结和借鉴的地方。

（一）加强农业的相关立法

社会要推动农业发展，就应该形成一套完善的法律来作为保障。美国从 19 世纪 60 年代到 20 世纪 90 年代开始了 100 多年的农业发展法治建设的历程。有《莫雷尔法》《史密斯·利费农业推广法》《史密斯·休士法案》《职业教育法》《哈奇法》等直接解决农业教育问题的法律，还有《人力开发和培训法》《经济机会法》等对加强农业技能培训相关法律规定。这些法律法规为美国农业现代化发展所需要的人才支撑和建设提供了完善的教育法律体系。

（二）加强经费的保障

发展农业需要充足的、持久的经费保障来推动。农业发展，需要做好农业从业人员的教育、农业方面的科学研究与科技成果的推广使用，这些都需要花费很多资金。要落实这些资金，首先还是需要从法律上来解决，方能形成规范。从 19 世纪 90 年代到 2017 年，美国陆续制定颁布了多部支持农业发展的法律法规，1890 年，美国通过第二个《莫雷尔法案》，支持大学生农业研究需要的资金，1925 年和 1928 年，美国再次颁布多部相关法律，增加农业研究和开发的经费，其中规定了经费的 80% 应用于农业研究及推广人员的工资待遇提升。在 1929 年和 1934 年，美国政府先后专门针对农业大学进行了拨款支持。

美国投入大量资金用于开发现代科学技术应用于农业，不断提高农业生产效率。从 20 世纪 30 年代到 20 世纪 70 年代这 40 年，由于从法律上保证了农业经费的投入与运转，农业的产量增加和生产效率提升取得了不错效果。

（三）加强从业农民的职业培育体系建设

培养农业所需要人才，美国主要采取以下三种形式。

一是学历教育。美国建立了非常完整的农业专业方面的学历教育体系。这一类职业培育主要是由美国的公立大学、专门的农业大学，以及农村所在的社区学院来完成。美国很早就开始了对农业教育需要的土地、经费等方面的大力支持，大大保证了美国农业方面的学历教育所需要的设施设备和教师队伍建设，并对农业大学的教师们的工作任务进行了专门规定，要求负责教学、科研和技术推广的比例为 50%、20%、25% 等，这种硬性规定保证教师于农业教育和研究方面投入足够的精力。

二是建构民间组织，美国建立广泛的、农民职业技能培训的社团培育体系。美国从国家层面支持鼓励农业大学在城市、乡村建立专门职业培训组织。根据农村和城市的不同情况，美国在城市采取农业技术和其他农业问题结合的、多个学科交叉的综合培训形式；在农村，美国又利用农村优势，建立有针对农业产品的组织，开展田间实践培训。这种大学创建的、遍布城乡的农业职业培训组织，为美国农业发展提供了大量的现代化农业从业人员。除了这类组织外，美国还专门成立了很多的农业机构，主要是从事农业方面研究，这些国家级别的研究中心和地方级别的研究中心，进一步拓宽了美国农业从业人员接受继续教育的渠道。

三是注重农业方面的实验实践工作，美国建构了集培训、研究和推广实验的农业实验站体系。美国建构农业实验站体系是借鉴了英国和德国农业发展经验。从 19 世纪 70 年开始到 19 世纪 80 年代，美国先后建立了 15 个正规的农业实验站，这些实验站属于政府和赠地学院，主要开展农场经营管理技术研究，也开展具体的农业技术方面的推广实验。其中的关键是：这种实验站配置了专职和兼职的科研人员、协助人员，负责全国 2/3 以上的农业研究任务，同时实验站必须接收和培育从业农民。实验站的不同学科的专家开展合作研究，并对农民进行科学指导，建立起科学家辅导农民的职业技能培训体系。这种高层次的、常态化的培训体系，对美国高科技农业的发展起到了关键的作用。美国在进行农业地区发展的全过程中，核心环节就是提高职业农民的职业素养以及优化整体职业农民运营体系，以推行新的优惠政策对职业农民利益进行保障，对管理模式进行改善，推行持资格证上岗制度，并且保证该项目的资金来源等。一系列的农业促进与保障政策都为新型职业农民的再教育以及美国的农业发展保驾护航。

（四）加大农业管理和风险防控的力度

农业要发展好，除了技术方面人才的培育外，还需要抓住农业发展的两个关键环节——管理和风险防控问题。对此，美国一方面提供多个层面的农业管理技能指导服务，另一方面组织了农业发展中的风险防控能力的培训。

第一，农业部在各个社区的办公室机构为农民提供管理技能的精心指导服务。这一方面，美国做得非常到位。为满足农业发展中的管理技能的需要，美国将农业部门的服务办公室建设到了全国所有的社区，成立专门的农业管理服务中心，这个服务中心会主动与农业从业者联系，提供商业计划等方面的详细服务。农民也可以自己主动到服务中心寻求指导和帮助。农业部门的服务还包括将农民与当地需要的资源与组织联系起来，搭建好发展桥梁，以便帮助农民实现自身目标。除了农业部门，还有国家的自然资源局，这个部门也积极为各地农民、农场主等提供免费的、义务的技术方面和管理方面的建议和相关服务，这些建议包括农业发展的资源现状评估、农业实践的设计、资源利用的监控等。

二是针对农业发展中可能出现的各种风险，美国政府为提升农民的农业发展风险防控能力提供指导服务。农业是一个面临各种自然风险和市场风险的产业。针对这种情况，美国农业部会提供相应的风险防控工具和手段，比如为农民提供风险管理工具、技术工具等方面的援助。除此之外，专门的负责保险的公司也为美国农业发展服务。比如，美国联邦农作物保险公司专门针对农业发展可能出现的风险，提供各种农业生产经营相关的农业保险产品服务；也会对没有保险的农业从业者进行经济援助。美国农业部下属金融服务局专门针对农业面临的市场风险提供经济援助，另外，农场服务机构和自然资源局则更为细致地针对农业发展中可能遇到的各种自然灾难，提供相应的援助，金融服务管理局还会提供相应的灾后贷款，以便灾后农民及时恢复生产生活。从这些政策措施我们可以看到，美国农业部门及相关部门为农民、农场主提供的服务是全方位的，从质量上到数量上都是非常到位的。

二、德国乡村人才振兴措施及特征

乡村振兴，首先人才必须振兴，德国政府非常清楚这一点。人才能推动农业发展和现代化。政府须紧紧抓住人才振兴、人才质量提高这个关键、核心问题。德国在乡村人才振兴上的典型做法有如下三点：一是高标准的要求；二是具有重视教育和发展教育的好传统；三是在职业教育上，国家和社会各界都积极参与职业教育，推动高质量、灵活、接地气、实用的农业职业教育不断发展。德国在这些方面做了大量工作，取得非常大的成效，有很多值得我们认真研究总结的地方，有很多值得我们好好借鉴的地方。

（一）制定高标准、严要求的从业人员资格标准

建设乡村，需要高素质的人才建设队伍。德国对各行业发展需要的从业人员的要求都是很高的，在农业发展和乡村人才振兴上，德国政府一样制定了较高人才标准。这个严格标准主要体现在：要求所有从事农业工作的人员，必须有职业资格证书才能上岗，这就迫使从事农业工作的人必须要到职业学校学习和进修。通过设置这种高标准的从业门槛，德国确实提高了乡村人才振兴的质量，更是为农业发展、农村发展提供了高质量的人才队伍。另外，德国政府还提出，获得农业管理权和收学徒资格的人才必须要持有农业方面的专业资格证书、师傅证书，才可开展相关的工作。通过设置了严格的标准，到2015年年底，德国农民队伍中接受过高等教育的人数达10%左右，受过职业培训进修的达60%左右，受过中等职业学校教育的达30%左右。其中，从业人员的培训费用由政府和企业承担。

（二）抓好规范化的农业职业教育

教育兴，则农业兴。德国政府积极抓好农业职业教育，为农业发展提供源源不断的人才支撑。

一是在农业教育悠久的历史基础上，注重规范化的农业教育。

在 19 世纪初，教会的教育机构修道院开启了德国农业教育的历史的航行。从 1802 年到 1860 年的 50 多年间，德国在全国各地相继办起了大量的农业职业教育学校，这些职业教育虽然不规范，但开启了德国农业职业教育的历史篇章。直到 19 世纪后半期建立冬季农业学校，德国现代农业职业教育才正式开启。

从制度上看，德国从 19 世纪 80 年代开启了农业职业教育的制度化建设的辉煌历程。以二战为分界线，我们可以梳理一下，二战前德国就开始学徒式的农业人才培养模式，成立专门的机构——学徒事项特殊委员会。该机构负责鉴定农业人才培训企业的资质，并制定农业考试条例，将农业职业教育分为两类：一类是针对农业工人，一类是针对农场管理经营者，学制年限都是 2 年。德国 1936 年开始的职业义务教育，将农业职业教育也纳入其中，更是大大促进了农业的发展。二战后，德国政府实行职业教育分权制度，各个州自行决定农业职业教育的发展，各州相继开始推行农业职业教育，它们大都规定农业学校学制为两年，学生必须要通过专门的农业考试才能毕业过关。后来各州将农业职业学生教育的学制延长到 3 年，农业职业教育的教育归类也发生了根本性的变化，从基础教育正式转变为继续教育。在 20 世纪 50 年代和 60 年代，德国相继完成农业的农业从业资格证书和职业教育法的完整法律体系建设。

二是创建企业与学校协同的二元制职业教育，不断加强农业职业教育的效果和提升人才培养质量。

这一时期德国的教育发展举措主要是从两个方面着手的。首先，德国政府对农业职业教育的内容进行了完整的界定和划分，将整个职业教育分为预备阶段、正式教育阶段与进修阶段等，学校对这些不同阶段的职业教育的内容体系建设进行了详细的规划和设计安排。其次，德国政府制定相关法律，建构企业与学校共同履行农业职业教育责任的双元制职业教育模式，其具体做法就是：学校与企业一起决定职业教育的大纲、教材、教学方式、教学内容、教学经费等方面的内容，共同承担职业教育发展的责任。在这个共同推进职业发展过程中，学校从教育的角度来制定职业发展的规划和具体的实施细则，企业会从自身发展、实际需要角度来制定职业教育发展的规划，两者结合形成一套共识性方案。企业和学校一起来共同推动职业教育发展，一起参与职业教育发展的全过程，这样德国从根本上保证了人才培养的实用性，保证了理论教育与实践学习的有效衔接，企业也能够招聘到自己需要的人才，职业教育学校也提高了职业教育水平。此做法相当于我们现在的校地合作培养人才的模式，不过德国的这个双元制职业教育模式贯穿职业教育的整个系统和各个环节，这样就做到学校培养人与用人单位的合作对接，提升了职业教育的实效性。

三、日本乡村人才振兴的措施及特征

日本也是农业非常发达的国家。其发达的农业与其农民的高素质是分不开的。人才振兴是日本乡村振兴的关键，主要思路是：以各级政府为主导，协调不同组织、企业、新老居民等多元化主体的力量，采取培养人才、吸引人才、支援人才、管理人才等方面的措施解决农村人才流失、人口老龄化、结构失衡、农村空心化等问题，推动城乡要素流动的深层化和组织化，激发以人才驱动的内生发展动力。日本在农业发展的人才振兴，主要表现在工业与教育的布局向农村地区倾斜上、农业发展经费的投入保障上以及就业等方面的大力援助和指导上。这些富有成效的措施，使得日本农村建设效果非常不错，有很多值得我们好好总结和借鉴参考的地方。在客观条件已确定的情况下，发挥主体选择作用和主观能动性是关键。

（一）大力支持偏远地区和农业地区

支持偏远地区以及农业地区发展是一项需要国家出面的工作。在 20 世纪 50 年代，日本就认识到了教育对偏远地区的特殊意义，先后颁布了偏远地区教育振兴法、振兴实施办法、实施细则等相关法律法规。这些法律法规非常明确地规定从国家到各级政府都必须要积极服务偏远地区的教育事业。到了 20 世纪 70 年代日本政府在农业发展中人才振兴的认识上了一个更高的高度，那就是必须做好乡村居民的培训，积极开展免费的、无偿的农业技能培训。除了这些措施外，日本还大力推动工业发展集中区向农业地区发展，以便更好地服务农村地区的劳动力就业和发展。到21世纪，日本针对农村地区人口结构老龄化、人口大为减少的严重问题，逐步建立了农业发展和乡村发展的人才振兴支持战略体系。

（二）大力支持务农青年

除了以上的办法外，日本政府还从农业发展的经费支持、专人援助指导制度、人才就业援助和吸引人才的措施等方面，可以说，做到了对农业发展援助支持的全覆盖。

一是针对乡村发展需要青年劳动力的现实，日本政府加大对农业发展人才的吸引和支持力度，从1995年到2011年连续10次对援助青年从事农业发展的贷款援助法进行修订，力图让更多的年轻人加入农业产业。

二是实施各种人才制度，支援农业发展。2009年开始，日本建立了很特殊的农业发展人才援助制度，有乡村支援员制度、地方振兴协力队制度、外部专家服务制度、地方振兴企业人引进制度等。其中，实施乡村支援员制度，是专门找农村那种所谓的"热心人"来开展农业工作，他负责协助政府部门调研把握农业发展现状和规划，制定相应的发展对策。地方振兴协力队制度，是指专门引进具有相当的农业知识、技能和思想的城市中的人才，完成1到3年的乡村服务的制度，这主要从发展农村品牌和产品开发等方面支持农村发展的计划和工作。专家支援制度，是指从全国人才库中选取能够提升农业地区特色发展的专家，组建对农业发展的专家援助团队，他们能在农业发展中起到很好的顾问作用。地方振兴企业人制度，就是充分利用大城市的吸引力，吸引其他地方企业的人才到农村地区发展，推动乡村振兴。

三是针对乡村振兴质量问题，从质量管理上完善了综合推进乡村振兴的法律法规。这部分法律法规立足就业、人才、乡村发展三者的需要，积极吸引城市人才走进乡村。这种政策对城市人才走向乡村就业、发展和实现个人价值具有很大吸引力。

四是针对乡村人才严重不足的问题，积极制定和实施多种乡村人才引进办法。这些人才引进办法主要有三大类。内部培养模式引进人才的办法是，通过宣传、政府资金帮助支持、农业发展咨询服务等方面的办法，让农民回到家乡创业。外部引进模式的办法是，提供咨询服务的方式来吸引农业发展的人才，日本政府及其相关部门根据农业发展的技术、管理等方面的需要，广泛吸纳各界专家，组建覆盖农业发展的各种咨询团队，为农业发展提供专业性的、高质量的专家咨询服务。合作吸引人才支援农业发展的办法是，政府主动与高校、科研组织、企业等建立合作关系，开展相应合作项目，以此推动人才下乡，积极支持农村发展。

四、我国浙江省的乡村人才振兴的措施及特征

浙江作为我国经济大省，其地区生产总值处于我国的发展前列，浙江不光工业发展好，其农业发展也非常不错。其发达的农业，与其重视人才培训培养息息相关。人才振兴是乡村振兴的支撑。当地政府把人力资本开发放在首要位置，畅通智力、技术、管理下乡通道，建立自主培养与人才引进相结合的机制，学历教育、技能培训、实践锻炼等多种方式并举，进一步发挥乡贤作用，壮大地方人才队伍，实现乡村人才全面振兴。其中，黄岩的乡村人才振兴模式，主要是通过与大学合作，创建人才培养的高层次平台；加大对人才下乡留乡发展的支持和帮扶，做好人才振兴的吸引、帮助、指导工作；加大农村各类工作队伍建设，形成乡村人才全面振兴的格局。云和的人才振兴模式别具一格，着力通过打造人才队伍建设品牌来吸引力人才、培养人才，带动当地发展和其他地方的发展。淳安和嘉兴的乡村人才振兴做法都很有特色，比如淳安采取与大学合作，举办各种论坛，吸引人才；满足地区文化和经济需要，加强人才培训；满足农村需要，加强人才下乡建设；满足农村治理需要，加强治理专业人才队伍建设。浙江嘉兴在推进乡村振兴中采取人才振兴的八型模式更是富有特色，很值得我们研究和总结。浙江省这几种乡村人才振兴的模式，有很多值得总结和研究的地方，有很多值得我们借鉴和参考的地方，尤其是黄岩区的乡村人才振兴模式，更是值得我们好好挖掘其中的经验和启示。

（一）浙江省台州市黄岩区"1+3+3"人才振兴模式

浙江省台州市黄岩区在乡村人才振兴上有自己的特色——从教育、平台搭建、队伍建设三个方面着手努力，力求为乡村振兴发展提供持久的人才振兴动力。

一是建设乡村大学平台，抓好乡村振兴人才培训。这方面的举措，主

要体现在黄岩区党和政府高度重视，积极开辟与高校、科研院所合作培育人才的渠道，专门创立教育人才、培养人才的办学模式，办起了乡村振兴大学，坚持校地合作、校企合作，加强乡村发展的人才培训，发挥了大学、乡村各自人才培养的优势，为该地乡村振兴提供了规范化的常态化的教育培训平台。这项工作的推动，需要做很多的工作，需要大学真正有服务农村发展的奉献精神，不能以物质收益作为合作的前提。地方层面应该对大学的科学研究和实践实习、学生就业方面等方面给予支持。这种支持，就是构建服务农村的人才培训教育平台，这个平台可以为农村人才提升提供支持，也可以为大学服务农村提供平台。

二是加强对回乡发展人才的吸引力，服务下乡发展队伍。其做法也比较简单，就是在资金、技术、人才培训、政策等方面给予乡村人才振兴大力的扶持，而且是持续不断的支持。正因为这样，黄岩区乡村人才振兴才获得了源源不断的前行驱动力。除了培训当地乡村人才外，黄岩区还着手吸引外来人才到乡村来。这方面的举措主要是满足扶持下乡创业人员的经费需要、技术需要、人才培训的需要等，积极开展人才下乡留乡的全程全方位服务指导和扶持。

三是做好农村发展的工作队伍、农民主体队伍和创业队伍建设，大力推动乡村人才振兴。除了培训人才、招揽人才外，黄岩区还根据党和国家建设现代化乡村的需要，坚持人才兴村的发展思路，建设好"三农"工作队伍，发挥好"三农"工作队伍的作用。在推进乡村人才振兴中，黄岩区高度重视"三农"工作的三支队伍的建设和作用发挥，在建设上切实避免任用"躺平"式干部，激励"三农"工作队伍的积极作为，围绕人才振兴、乡村振兴做了大量工作；做好外出学习交流工作，不断提升乡村人才振兴的工作能力；加大农民的教育培训力度；做好乡村本土能人的回村发展工作，不断夯实乡村人才振兴的基石。

（二）浙江省丽水市云和县的"云和师傅"人才振兴模式

浙江省丽水市云和县的"云和师傅"人才振兴模式，有自己的独特之处，那就是塑造品牌和运用品牌来推动乡村人才振兴。这种品牌效应带动人才振兴，再带动乡村产业发展的模式，有很多值得学习和研究的地方。

一是塑造和充实"云和"劳务品牌。根据品牌要求，加强劳务公司的员工必须要具有云和县的户籍，同时要通过严格的培训考试，拥有 5 年以上的农业实际工作经验，必须要守法和诚信。

二是运用云和品牌，建构全国人才建设网络，服务乡村发展。这些年，"云和"品牌知名度不断提升，越来越多的当地农民加入品牌，然后走向全国发展，服务中西部农村；一些"云和师傅"们回到家乡，发挥品牌效应，不断促进家乡人才发展和产业发展。

（三）浙江省杭州市淳安县的乡村人才振兴模式

杭州市淳安县作为一个农业大县，是更需要推动乡村振兴的地方。在推进人才振兴方面，淳安县主要采取借力人才振兴、专项培养人才振兴、三下乡人才队伍建设、选聘基层治理专业化队伍等措施，取得了很好的效果。

一是借助大学资源合作，推进乡村人才振兴。针对这一点，主要从两个方面着手。首先，积极与大学的合作，引进建设合作研究机构入驻乡村，对口推动乡村产业发展；其次，积极搭建旅游发展论坛、产业发展论坛等平台，邀请各方面人才聚集乡村，积极引进发展项目。

二是开展专项人才培养，推动乡村人才振兴。除了高端的人才振兴外，淳安县还针对本地发展非遗文化，进行了专门的人才培养培训，建设了很多非遗项目和展示馆；加大民间技术人才的培养，开展乡村发展的文化发展之路，极大推动非遗产文化事业和产业的发展。

三是建设三下乡队伍，推动乡村人才振兴。淳安县积极利用好国家的三项人才政策和资源资本下乡的诸多政策资源，积极推进乡村专业人才发展。其中，三下乡人才队伍建设方面，主要是抓好农村急需要的医疗人才队伍建设和教育人才队伍建设；在医疗人才振兴方面，主要采取的是建立医疗发展共同体，引进省内医疗专家坐诊乡村医院，同时送本地乡村医疗人才外出培养，提高当地医疗水平；在教育人才振兴方面上，建设乡村教育联盟，加大乡村教师培训力度；搭建乡村名师工作室，提升乡村教师教育水平，积极推动乡村教育人才的发展。

四是坚持基层治理队伍建设的专业化水平，推动乡村人才振兴。以治理的视角推进乡村人才振兴，这是淳安县的另一种富有特色的做法，首先，按照国家对"三农"工作的要求，配齐配好乡村治理的工作队伍，促进这支队伍的专业化水平和法治化、智能化水平的提升。其次，积极做好一村一名大学生的人才队伍建设，让大学生走进乡村治理的工作中，不断提升乡村管理队伍的管理水平。

（四）浙江省嘉兴市乡村人才振兴的八型模式

嘉兴市推进乡村人才振兴的做法，主要就是在人才强国思想的指导下，创建富有自己地方特色的人才培养模式。把引育人才和发挥人才作用纳入推进城乡统筹发展的全局通盘考虑，通过政策引导、定向培养、组织选派、筑巢引凤、载体共建、校（院）地合作、市场配置、活动帮扶"八型模式"。

一是搭建好人才发展平台。这一方面，主要是搭建人才振兴的平台，建构各种农村发展平台，让人才平台上发展提升；推动城乡联合发展，建构发展共同体，支持乡村人才发展的平台建设。

二是加强人才培养，做好人才队伍的建设工作。这一方面主要采取的措施是：做好人才培养和乡村工作的对接，进行定向招生培养；与大学合作，借助大学人才优势，加强乡村发展课题问题研究，从而助力乡村发展。

五、借鉴与启示

以上，我们对美国、德国、日本以及我国浙江省在推进乡村人才振兴、加快农业农村现代化建设中采取的很多富有特色、富有成效的举措进行了介绍。其中的思路大致就是两个方面：一是围绕人才振兴，从人才建设入手，抓好人才的教育、培训和相关从业指导。二是做好人才振兴所需要的相关支撑，比如对农业产业发展的支持、向农村职业教育发展布局、在农村基本的公共设施建设和公共服务的供给建设以及农村从业人员的各项保障与待遇提升上，做了大量工作，有很多值得我们思考和借鉴的地方。

（一）美国乡村人才振兴的借鉴与启示

美国是一个农业发达的国家，其中一个非常关键的原因就是其重视乡村人才队伍建设和对农业发展的全方位支持与扶持。

一是美国在乡村人才振兴中，高度重视学科教育和职业教育，这提醒我们在推进乡村人才振兴中，必须要抓好职业教育工作。得益于其对教育的重视，美国先后颁布了一系列教育法规，其中，其对职业教育的法规建设更是非常重视；同时，在推进职业教育的过程中，其非常重视农村人才的职业教育工作的各方面的支持和引导。这提醒我们，在推进乡村振兴中，一定要抓好学科教育和职业教育工作，做好乡村振兴的教育基地建设。

二是美国在推进乡村人才振兴的过程中，非常重视保障农业发展和人才发展需要的经费投入，这也提示了我们在推进乡村人才振兴的过程中必须做好农业发展和人才发展的经济投入。任何项目的推进，都离不开大量的经济投入，美国在推进乡村人才振兴和农业农村发展中，非常注重经费问题的根本解决，并形成了一套对农村农业发展和乡村人才振兴的资金支持机制。这一点提示我们，在推进乡村人才振兴和发展的过程中，必须要解决好一个根本问题，那就是经费的长效支持问题，这样才能保证农村发展和乡村振兴有稳定的保障。

（二）德国乡村人才振兴的借鉴与启示

德国农业发达，得益于其乡村人才振兴政策。而其人才的振兴得益于其发达的职业教育。以下几点做法值得我们借鉴与学习：

一是注重政策体系的构建，人才培养政策的不断完善，为乡村人才振兴提供政策供给和行动依据。这些主要体现在德国对农村发展的规划设计上和财税保障制度等方面。从规划上看，德国坚持以城乡等值化的理念开展乡村建设。在1965年原联邦德国颁布《联邦德国空间规划》后，巴伐利亚州遵循"城乡等值化"理念制定了《城乡空间发展规划》，按照城乡居民具有相同的生活、工作、交通、公共服务等条件的目标推进乡村建设。这些文件的主要内容有以下几个方面：其一，在规划和行政体制方面推行平行管理制度，乡村与城市规划建设管理各成体系，职权相互独立，互不干涉。其二，科学制定好乡村土地、税收等各项优惠政策，引导、鼓励企业、高校、科研机构和个人到乡村地区发展，不断扩大增加乡村就业机会。其三，在基础设施和公共服务上下功夫，着力提升农村地区公共服务和基础设施水平，加强生态环境保护、建设优美宜居生活空间，创造与城市等值化的乡村生活和就业条件。这些启示我们在推进乡村人才振兴时，一定要做好乡村人才建设的单独管理；要在现有的优惠上继续加大对农村人才吸引的力度，包括免息贷款等政策；应该在现有乡村振兴的基础设施建设和公共服务现代化优质化发展的基础上进一步提升公共服务质量，比如医疗、教育以及其他生活设施。

在财税保障上，建构扶持乡村人才振兴、乡村发展的制度，比如建构城乡人口互相流动的财税支持，个人所得税由所在地方收取和使用。这一项制度，在很大程度上解决了德国农业发展中资金问题、人才振兴的经费问题，非常值得我们学习。我们这些年在农业发展、农村人才振兴方面也做了大量工作，但是效果不是特别好，我们也可以借鉴德国这种做法，以便为农业发展、乡村人才振兴提供持续的经费支撑，同时更好调动当地群众的积极性和创造性。

二是重视义务教育、职业教育的正确分流与建构二元制的职业教育与培训体系。这提示我们乡村人才振兴要与职业教育对接，职业教育要注重理论与实践衔接。

在教育史上，德国是最早开始义务教育的国家，其在18世纪初就开始了实践科学学校的创立和发展。在近代，德国的柏林大学成为全世界学习的榜样。这一方面，给予我们很多的启发。德国最早的义务教育，注重人才培养的初端教育，为其打下人才职业教育的基础。反观我国的义务教育，一直到20世纪90年代才开启，时间上有所落后。

关于职业教育与普通教育的分流问题，英国、德国和法国在这方面都做得不错，也比较相似。他们大致的做法是成立综合中学，学生在学制一半后可以选择继续接受普通教育，或是选择接受职业教育。这就给学生很大的选择余地。

德国职业教育的核心举措，就是学校与企业一起开展，成为二元制的职业教育发展体系。我国的职业教育，这些年也在开展校企合作，但是这种校企合作基本上还停留在学生实习实训的环节上，企业还没有真正深入到职业教育的环节之中，不论是经费的支持，还是人才培养的目标、目的、内容、方法等的参与，都还很不够。其中的根本原因，笔者认为还是办学机制的问题，就是学校与企业共同承担推进职业教育发展的机制没有建构起来。因此，在如何构建职业教育体制上，如何构建职业教育的教学体制上，应该好好借鉴德国的二元职业教育机制。这个二元职业机制，是德国乡村人才振兴的一个根本性举措。这一点很值得我们学习，要发展我们的农业，要建设我们的农业强国，要振兴我们的乡村，要实现乡村的现代化，必须要重视人才振兴的职业教育发展，要社会各界都参与到乡村振兴、乡村人才振兴的工作中。我国现代化的短板在农村，农村的最大短板在人才缺乏上，后者已经引起国家和地方的高度重视。

三是建构乡村人才振兴的高标准体系，对农业从业人员资格提出高要求，这启示我们农村农业高质量发展，不仅仅需要一般的人才，更需要高端人才。乡村振兴首先得人才振兴，而人才振兴又有一个标准问题。什么样的人才算是人才？在这个方面，德国的农村人才发展的标准体系建构和实施很值得我们研究和学习。要发展高质量的农业，就需要高质量的人才来推动。如果我们要推动乡村人才振兴，推动乡村振兴切实提高质量和速度，必须要提高农村从业人员的素质。现在我们陷入的是农业人才发展的多难境地，从业人员质量不高、愿意从事农业的人员非常稀少。在这种情况下，再要求高标准的人才质量，可能就没有人愿意从事农业了。因此，要解决我国农业从业人员素质不高的问题，我们可以借鉴德国人才高标准的建设办法，但是还必须要做好相应的配套工作，比如农业产业发展的基础工作、农村基础设施建设工作、农业从业人员的国家认可制度等。一句话，建设和实施农村人才高标准体系，是一项系统工作，我们应坚持系统思维和战略思维来推进。

（三）日本乡村人才振兴的借鉴与启示

日本的农业也很发达，在很大程度上，这也得益于其农业人才振兴的一系列举措的出台与大力实施。促进日本农业发达、农业人才振兴的主要措施有以下几点，这些措施对当今我国全面推进乡村振兴、建设农业强国具有很多可以借鉴的地方。

一是日本工业和教育相关主管部门对农业发展和农业人才建设的高度支持，启示我们必须要注重乡村地区的工业和教育的布局。首先，日本从教育上解决农业发展的人才和技术需要，从国家教育布局上，也就是从国家顶层设计上注重教育布局对农村地区、偏远地区的倾斜和扶持。关于这一点，我们应好好学习日本，尽量将教育，尤其是职业教育布局在农村地区、特别是偏远地区，从人才教育的根本上来解决农村对人才的需要的问题。这个教育布局，必须要引起国家和各个地方的高度重视，并具体落实，这样才能真正实现我们农业强国的宏伟目标。其次，在工业布局上，日本注重将工业集中发展转向农业地区、农村地区布局，以工业引导农业发展，促进工农融合发展，彻底解决农业发展的产业链的延伸问题。关于这一方面，我们可以学习日本的工业布局，将职业教育转移到农村地区，从国家战略高度上去推动，就像 20 世纪 60 年代的三线工程那样，这样才能保证一些好的工业布局在农村地区，才能减少城乡差别。

二是注重对青年劳动力从事农业的鼓励与支持，启示我们必须抓好农业人才振兴中的关键——青年队伍建设。农业发展、农村发展，最需要解决的就是人才问题，人才的稳定输入问题。日本非常注重吸引力青壮年到农村中去发展，并给予教育、培训、经费等方面的大力支持，吸引了很多年轻人到农村去发展 。这样的做法，至少有三点积极作用：一是缓解了城市的就业压力，二是拓宽了青年人发展事业的途径和渠道，三是解决了农村地区发展对青年人的需求。反观我国的现状，留在农村地区的基本上都是老年人，这一群体基本上都是 60 岁以上的群体，这一群体再等 20 年左右就应该无法支撑农业发展；农村地区的发展，几乎没有多少年轻人的参与，更不要说成为主力。这一点，早已经引起国家和社会的关注，引发学界多年的讨论。很多专家也指出，当今我国农业发展的两大短板是人才和产业问题。这是两个连带的问题，没有解决好产业问题，就不能吸引年轻人去搞实业，就缺乏吸引年轻人到农村发展的平台；没有解决青年人的教育培训问题和事业发展的经费问题，就缺乏吸引青年到农村发展的强大动力。因此，目前我国农村地区发展、农村地区人才振兴，必须要抓好青年人才的吸引。在城市就业形势非常严峻的情况下，吸引青年到农村地区发展，培育农业人才，这是一个好的契机。

三是注重组建覆盖农业发展各个环节的服务队伍，切实解决农业发展中的各种问题，提醒我们一定要从人力、政策、资金、技术、销售等方面做好农业人才振兴的服务工作。日本农业发展之所以非常不错，其中一个很关键的原因就是日本为农业发展提供了各种持续的良好服务。目前我国的农业服务项目有三下乡，但是常态化不足，农村地区缺乏稳定的顾问团队、发展的骨干团队、企业参与度还不够等。针对我们的问题，我们可以借鉴日本在这方面的经验，今后应该积极做好农村地区发展、乡村人才振兴的政策服务、人才服务、发展咨询服务、企业参与等各项工作，要落实到具体的人去做，而且必须要常态化、制度化、规范化推进。这些年我们也陆续出台了很多法律法规，如《中华人民共和国乡村振兴促进法》等，但推进乡村振兴关键在于落实，关键在于行动。同时我们出台乡村人才振兴的相关法律法规，要形成一个体系，要有总体规划，不要盲目出台，这样的法治建设才会有更好的效果。

总之，日本在推进农业农村发展、乡村人才振兴方面有很多值得我们学习的地方，为我们当下推进乡村人才振兴、建设农业强国提供了很多的启示。这些启示，主要包括国家层面的顶层布局和地方层面的扶持支持、注重青年人才的建设、人才振兴中的各个服务环节的加强、人才振兴中的吸引人才做法等。

（四）我国浙江省乡村人才振兴的借鉴与启示

我国浙江省推进乡村振兴给我国其他地区最大的启示就是各地应根据自己的情况，提出和实施了不同的乡村人才振兴模式，如黄岩模式、云和模式、淳安模式、咸阳模式等，各具特色。其中一个共同的地方，就是以人才强国强村为宗旨，人才要下沉到乡村，搭建各种平台，关注和培养各类人才。其中，黄岩模式的最大特色就是建立和运用乡村大学来培养需要的人才和注重农村工作队伍建设等，助推乡村人才振兴和现代化建设；云和模式最大的特色就是打造劳务品牌，并以此培训乡村发展需要的人才。这些举措对全国不同地方的乡村人才振兴和农业现代化发展具有很多的启示。

第一，黄岩乡村人才振兴模式的启示。黄岩区乡村人才振兴的做法有很多，其中关键的、有特色的主要有三个方面，值得我们好好研究和总结。首先，狠抓人才的建设与培育，与高校合作，搭建农业发展的人才培训平台，让大学生走进农村、服务农村。目前我们其他地区的乡村振兴工作中，也有与高校的合作项目，但是真正从人才培训上合作的还不是很多。黄岩乡村人才振兴中与大学合作，创办规范的、高层次的人才培育机构，完善人才培养机制，是一种输血式的合作方式。其次，多管齐下抓好人才引进工作，提示我们，人才振兴关键还在于能够吸引人才到乡村发展。反观部分地区的乡村人才振兴，往往是雷声大雨点小，没有形成全面的、长期的人才振兴支持规划和付诸切实的行动。因此，这就告诉我们，在推进乡村人才振兴的过程中，国家层面须制定一系列乡村人才发展、农业现代化的扶持支持政策，这样才能为乡村人才振兴提供长久的支撑。最后，切实建设好"三农"工作队伍，发挥好"三农"工作队伍的作用。

第二，云和乡村人才振兴模式的启示。云和县的人才振兴有自己的特色，那就是塑造有质量的劳务品牌。劳务品牌的塑造是一项细致的工作，需要有耐心、热心、信心和恒心。在这方面，云和县做得非常不错，将劳务品牌做大、做强，它不局限于做一个方面的人才培训，而是承担了多个专业的人才培训，从内部培训到走出本土开展培训，并以此为平台，大力招揽各方人才到乡村发展，为乡村人才振兴提供源源不断的人才库。这方面值得我们学习。

第三，浙江省淳安县乡村人才振兴的启示。淳安县推进乡村人才振兴的最大特色就是利用好了国家对乡村发展的支持，大力推进人才振兴工程建设，落实高校支持农业发展的政策，构建校地合作的乡村人才振兴和乡村发展的平台和渠道；落实人才"三下乡"的政策，积极推进教育人才和医疗人才队伍建设；落实特色产业发展的政策，做好非遗人才和民间文艺人才的专项培养；抓住国家对"三农"工作和工作队伍建设大力支持的机会，采取加强大学生村干部建设和基层干部外出培训等措施。这些人才振兴的措施，告诉我们，乡村人才振兴中，要用好、用足党和国家以及地方关于农村发展的相关政策，做好人才振兴和乡村振兴工作，根据自身实际发展中的困难和需要，积极发挥好政策工具的最大效用。

第四，浙江省嘉兴市乡村人才振兴的启示。嘉兴市在推进乡村人才振兴的工作中有一套自己的做法，其最大特色就是根据乡村发展需要，将招生与人才培养相结合；积极搭建城乡联合发展平台以及各类农村专业发展平台；加强与高校合作，搭建农村发展问题的研究解决的长效平台和完善相关机制。这些措施启示我们，在推进乡村人才振兴的过程中，不能仅仅重视人才的引进，而且要重视人才培养的各类平台的建设，让人才发展有切实的平台、舞台。

总之，美国、德国、日本以及我国浙江省在推进乡村振兴、乡村人才振兴方面做了大量工作，形成了富有特色、富有成效的乡村人才振兴模式。这些富有特色、富有成效的乡村人才振兴模式有很多值得我们在推进农业强国、全面推进乡村振兴过程中学习的地方。不过在学习中，我们要坚持马克思主义哲学中的基本观点、基本立场和基本方法，做到辩证地学习和借鉴。今后的研究，我们应该更多地根据我国乡村人才振兴的需要，积极开展国内外乡村人才振兴案例的理论研究和实证研究，挖掘其中对我国乡村人才振兴和农业强国有价值的地方，重点研究其中的我们可以借鉴学习的地方；同时，我们应该将理论与实际联系起来，力求坚持理论研究和实践调研相结合，研究出乡村人才振兴的可行性方案，努力使学术研究发挥出服务现实、改变现实的功能。

第四章 四川攀西民族地区乡村振兴中的人才支撑

一、攀西民族地区乡村人才分析

（一）人口基础

自 2015 年以来，攀西地区的人口自然出生率呈现出一定的波动现象。在这个时期内，人口自然出生率从 13.50‰ 下降到了 9.87‰，然后再次上升到 11.38‰，这种数据变化是多种因素相互作用的结果，其中包括 2015 年"全面二孩"政策的实施和 2020 年新冠疫情的影响，以及其他社会、经济和文化因素。受国家"全面二孩"政策激励，攀西地区人口自然出生率在 2015—2017 年处于高位水平，分别为 13.50‰、11.48‰ 和 13.30‰，2020 年因新冠疫情影响下降至 9.87‰，2021 年后上升至 10.27‰，这可能是疫情后恢复和政策调整的结果。

在常住人口方面，2015 年至 2021 年人口数量有轻微波动，但整体趋势相对稳定。攀西地区的人口数量从 2015 年开始连续增长，在 2018 年出现拐点，到 2021 年，达到 608.80 万人。其中，2015 年至 2018 年，增加了约 23.15 万人，年均增长率为约 1.22%；2019 年至 2020 年，受到新冠疫情和经济不稳定等因素的影响，常住人口出现了略微的波动和下降，减少了约 6.90 万人；2021 年，随着经济进一步复苏，常住人口微弱增加了约 1.50 万人，增长率为约 0.25%，增长幅度较小。

2015 年至 2021 年，攀西地区城市化进程取得了显著成绩（见表 4-1）。城镇化率的稳步提升（从 48.59% 增至 54.29%），呈现出明显的城市化趋势。这表明攀西地区正经历着从传统农村地区向城市化发展的转变，城市人口比例逐渐上升，反映了攀西地区经济发展、工业化进程以及城市基础设施的逐步完善。在人口分布方面，攀西地区户籍人口总体上呈现增长趋势，总人口逐年扩大，从 614.50 万人增至 645.80 万人。其中，城镇人口数量从 137.50 万人增至 179.00 万人。然而，攀西地区乡村人口在这段时期内呈现出波动的态势，农村人口数量从 477.00 万人减少到 462.30 万人，又从 462.30 万人增加到 471.20 万人后又回落至 2020 年的 462.30 万人，随后在 2021 年略有回升。

表 4-1　攀西地区 2015—2021 年户籍人口城镇化率统计表

年份	户籍人口/万人	城镇人口/万人	乡村人口/万人	城镇化率/%
2015	614.50	137.50	477.00	48.59
2016	622.90	160.60	462.30	49.19
2017	630.74	161.50	469.20	50.15
2018	639.10	167.90	471.20	51.15
2019	639.30	168.50	470.80	51.95
2020	641.10	178.80	462.30	53.27
2021	645.80	179.00	466.70	54.29

（二）乡村人才发展现状

乡村人才作为推动乡村振兴战略的中坚力量，在经济多元发展、科技创新提升、文化传承繁荣以及社会治理现代化等方面，发挥着不可或缺的引领与推动作用。因此，党的十八大以来，攀西地区各级政府部门及相关单位积极加强农业农村人才培养和引进，出台扶持政策，推进农村教育、职业培训，鼓励科技创新，促进产业结构优化，强化文化传承，加强社会治理体系建设，不断激发人才活力，为攀西地区乡村振兴注入强劲动力。

1. 人才工作进展

（1）人才培育工作稳步推进

在组织部门、人社部门、农业部门等的协同合作下，攀西地区各级政府积极响应乡村振兴战略，针对村干部、农民工、农村创业者等多元群体需求，构建起多领域、全覆盖的分层分类培育培训体系，采取了多种形式、多渠道的培训举措，包括农村劳动力技能培训、农村实用人才培训、创业培训、品牌培训、新型职业农民培训、青年劳动者技能培训、"千村万名后备干部孵化""乡村治理人才"技能培训等,逐步构建起了常态化的培训机制。2022 年,凉山州通过"双培工程""凉山大讲堂""新型农民素质提升工程"等系列高素质农民培育培训项目,向乡村、社区等举办各类培训班 44 个,培训数量达到 1.95 万人次。这一务实做法有效满足了不同群体的培训需求,不仅提升了其在农村发展中的专业技能水平和综合素质,更为乡村振兴提供了强大的人才支持。

(2) 人才类型更加丰富

攀西地区陆续启动一系列农村人才培育计划,其中包括高层次农业科研人才推进工程、农业技术推广人才支持工程、农村实用人才带头人能力提升工程、农村实用人才创业兴业工程、农村实用人才技能开发工程以及新型职业农民培育工程、以电商为代表的农村新兴产业人才培育工程等,这些计划的实施为攀西地区提供了适应农村发展多样需求的人才储备。例如,电商人才队伍方面,攀枝花市针对农村电商人才需求,采取市县乡联动培养、分级施训的方式,在 2022 年开展农村电商实用型培训共计开展 30 余场,惠及全市 44 个乡镇 2 000 余人次,截至 2023 年 10 月,全市农村电商人才已达 1 147 人。同时,在乡村实用技能带动型人才培育方面,从全市各县(区)制造业、加工业、建筑业等领域的农村能人中挖掘培养出带动型人才 2 542 人,在相关领域形成良好示范带动效应。凉山州通过对接州外优质电商培训资源,组织本地电子商务"排头兵"开展融合网店开设、摄影美工、产品文案、店铺运营等专业领域知识的培训,帮助学员深入掌握"互联网+农村电商"经营模式,切实为农村数字经济发展提供储备人才,助力丰富农产品销售渠道,打通农村发展"最后一公里"。目前首批"凉山·金华"电商培训班 20 名学员已全部顺利结业。

2. 农业农村人才发展总体情况

(1) 农村就业人员数量

农村常住人口数量与农村就业人员的数量均呈现出明显的下降趋势(见图 4-1)。从 2017 年到 2021 年的 5 年时间里,整个四川省常住人口的城镇化率从 50.15%上升至 54.29%,因此农村常住人口减少了 22.42 万人,呈现出明显的下降趋势。此外,2021 年攀西地区转移输出了 142 万农村劳动力,其中大多数是青壮年劳动力,导致农村空心化、老龄化的趋势明显。换言之,大量农村劳动力外流不仅导致农村常住人口的减少,而且导致乡村就业人员出现下降趋势。与农村常住人口相比,农村就业人口也呈现下降趋势且下降趋势更为明显,乡村就业人员由 253.14 万人下降至 196.99 万人,减少了 56.15 万人,减幅分别为 2.30 万人、20.05 万人、29.90 万人和 3.90 万人。

图 4-1　农村常住人口与农村就业人员数量趋势

（2）乡村人才规模及结构

攀西地区各类农村实用人才共有 17.23 万人,其中凉山州有 17.23 万人,攀枝花市有 2.9 万人。呈现出高层次人才匮乏、专业技术人才结构不合理和分布不均等突出问题。乡村各类实用人才中具有本科以上学历平均到每个村尚不足 1 人。从学历结构看,农村农业技术服务人员和农业实用技术人员本科以上学历占比不足 2%;从年龄结构看,35 岁及以下的占15.8%。技术人才队伍年龄结构偏大,缺乏活力和冲劲。基层专业技术人才分布不均的现象比较突出,教育、卫生领域的专业技术人员比重较大,且多为较高学历和职称的高层次人才,而农业、工程技术、社会服务等领域的专业技术人员比重较小,乡村技能带动型人才主要为制造业、加工业、建筑业等领域的农村能人,系统思维、专业能力较为欠缺,带动示范性不足,经济、统计、金融、制造、环境保护等领域的专业技术人员十分稀缺。

3. 主要人才队伍分析

（1）农村工作队伍

农村工作队伍构成主要涵盖了"两委"干部、乡镇干部、聘用干部、"第一书记"以及"大学生村官"等。近年来,在四川省《关于加强贫困村驻村工作队选派管理工作的实施意见》和《四川省鼓励引导人才向基层流动十条措施》等政策文件的指引下,攀枝花市和凉山州相继制定了《攀枝花市乡村人才振兴五年行动实施方案（2021—2025 年)》《西昌市乡村人才振兴五年行动实施方案（2021—2025 年）》等政策文件，推行了"三支一扶""特岗计划""大学生村官"以及"大学生志愿服务西部计划"等项目，以此鼓励年轻人才向基层流动，加强基层干部队伍建设。2021 年攀西地区共招募 126 名"三支一扶"大学生到农村基层服务。此外，针对干部队伍建设，攀西地区采取通过"千名好书记培养引领计划"和"10 万名村级后备干部培育工程"等项目，省、市、县三级协作，采用示范培训、专题轮训、巡回宣讲等方式，对全省所有行政村后备干部进行培训，实现了全覆盖。高校毕业生基层服务项目的实施也推动了选派驻村"第一书记"，进一步夯实农村工作队伍。加入大学生村干部、驻村"第一书记"、农技员及"三支一扶"等新势力后，农村工作队伍逐渐充实，基层干部队伍结构逐渐优化，村带头人的平均年龄下降，学历水平提高。为解决乡（镇）干部队伍建设中存在的问题，攀西地区提出了一系列措施。其中包括乡（镇）编制专编专用，县级机关不得占用，上级机关一般也不得借用乡（镇）干部；统筹制定激励措施，适当提高乡（镇）公务员的待遇，特别是在条件艰苦乡（镇）；探索以财政专项资金发放村干部绩效补贴的方式，改善乡（镇）干部的工作和生活条件；同时，为年轻村干部拓展上升渠道，允许通过考核方式进入乡（镇）政府与事业单位，以降低其职业倦怠感。这些举措有助于进一步优化农村工作队伍，增强基层干部队伍的活力和能力。

统计数据显示，截至 2021 年年底，攀枝花的乡村干部队伍规模达 5 906 人，队伍内部结构体现出以下特征：男性数量上具有绝对优势，男性占比超过 8 成，远远高于女性；学历结构方面，高中以下学历占比较大，占比约为 65.75%，但仍有约 21.04% 的干部具备大专学历，17.01% 具备本科及以上学历。年龄结构方面，中年干部占主导地位，36 到 50 岁的干部占比达到 67.33%，18 到 35 岁的年轻干部占比为 25.71%。

（2）乡村公共服务人才队伍

乡村公共服务人才队伍是指在乡村地区从事各类公共服务工作的专业人才集合体。这些人才在农村社区中发挥着重要的作用，为乡村居民提供各种社会福利、教育、医疗、文化、法律等方面的服务，以促进农村社区的全面发展和居民生活的改善。

攀枝花通过推行"岗编适度分离"机制，对新招聘的乡镇教师、基层医疗卫生人才实行"县招乡用""县管校用"，落实紧缺专业领域三级联动帮扶机制，大力推行教育、卫生等行业"市帮带县""县帮带乡""乡帮带村"，发挥综合帮扶工作队、县域医疗联合体等作用，全面落实农村教师满年限晋升职称政策，大幅激发乡镇教师队伍工作热情。攀枝花市人民政府印发《攀枝花市改革完善全科医生培养与使用激励机制的实施方案》，规定农村订单定向免费培养的本科医学生毕业后全部纳入全科专业住院医师规范化培训，进一步充实乡镇卫生院医疗人才力量，截至 2023 年 10 月，乡镇教育保障人才已突破 2 825 的编制总数，在编数达到 2 913 人，基层医疗卫生人才空编率控制在 5%，基层医疗卫生服务能力不断提升。

2021 年起，凉山州在教育、卫生、文旅、农业农村领域实施"县管乡用""县管校聘"，支持县（市）在编制管理、岗位设置、人才评价、薪酬分配等方面大胆探索，推动 3 万余名基层教师竞聘上岗、2 000 余名基层卫生、文旅、农业农村人员"上挂下派"。其中，在卫生医疗方面，持续推进全省城乡医疗卫生对口支援"传帮带"工程人员选派，统筹选派到凉山州级机构及 11 个脱贫县综合医院、中医医院、妇幼保健院、疾控中心、公立精神卫生机构、卫生监督机构及乡村振兴重点帮扶县县域次中心，支援人员 316 名（其中县域次中心 29 名，其他州内民族县 36 名），通过建强重点科室、加强人才培养、提升管理水平，逐步提高受援地区医疗卫生人才队伍素质。

（3）新型职业农民队伍

新型职业农民是贫困地区脱贫奔康的核心主体，是农业农村经济社会发展的命脉和根本，攀西地区将培育新型职业农民视为乡村振兴战略实施中的重点任务，以确保农村经济的稳定增长和社会全面进步的关键动力。主要措施有：以中等和高等农业职业院校、农业广播电视学校等专门教育培训机构为主体，农技推广服务机构、农业科研院所、农业企业和农民合作社等多元机构参与，构建和完善"一主多元"的教育培训体系，由农业专家、中高级专业技术人员、农技员等组成教育团队，统筹开展教育培训；加强新型经营主体带头人培训，提高综合素质和职业能力，充分发挥示范带动作用，促进新型经营主体和新型职业农民"两新"并行、"两新"融合、一体化发展，加快建设现代农业生产经营者队伍。同时，建设新型职业农民教育培训师资库，为农村地区打造一支高素质、多层次的教育培训师资队伍，促进新型职业农民的培养和壮大。通过以上措施，不断加大对新型职业农民的培养与创业支持的力度。

攀枝花市围绕农业主导产业发展，大力实施新型职业农民培训计划，重点开展农业技能和经营能力培养培训，将专业大户、家庭农场经营者、农民合作社带头人、农业企业经营管理人员和返乡农民工作为重点培训对象。2022 年，攀枝花市鲁班职业技能培训学校有限公司和攀枝花市农林科学研究院获批省级高素质农民培育示范基地，全市完成培训高素质农民602 人，其中农业产业领军人才 10 人，农业经理人省级调训 33 人，农业经理人市级调训 77 人，经营管理型县级 185 人，专业生产型县级 226 人。打造农民工创业实践基地 26 个，持续回引培养优秀农民工，广泛开展农村人才培训，壮大"土专家""田秀才"实用型人才队伍。

2016 年以来，凉山州则通过"双培工程""凉山大讲堂""新型农民素质提升工程"等系列高素质农民培育培训项目，初步构建起多领域、全覆盖的分层分类培育培训体系。这些项目通过实施"一村一幼""一村一医""一村一名农技员""一户一名技术能手"等大量覆盖面广、针对性强的"新农人"培训，有效提升了乡村振兴人才队伍的能力。2020 年，西昌市被列为四川省 15 个高素质农民制度改革试点县之一，遴选 90 名有较强带动作用的家庭农场主进行重点培育，起到了良好的示范效应。此外，2022 年 5 月，凉山农校被省农业农村厅授予首批"省级高素质农民培育示范基地"称号，成为攀西地区第一个获此殊荣的学校，该校 2022 年累计完成高素质农民州级调训 250 人，开设"农产品保鲜加工+电商营销技能班、休闲农业+电商技能提升班、粮果蔬药+种养循环班、智慧农业+农特产品班"四个班，课程设置涵盖经营管理、生产技能、专业服务、种植、养殖、农产品加工销售等。该校培训对象为现代青年农场主、新型农业经营主体带头人、农业经理人、家庭农场主、村组干部、种养大户、农民合作社领办人、农业社会化服务组织负责人。

（4）农村生产经营人才

农村生产经营人才指的是在农村地区从事农业和农村产业经营管理工作的专业人士。他们在农村社区中发挥着关键作用，涉及种植、养殖、农产品加工、农村经济管理等多个领域，致力于提升农村产业水平、增加农产品附加值，推动农村经济的可持续发展。

截至 2022 年年底，攀枝花市直接服务于第一产业的乡村生产经营性人才（种植养殖人才、农村技能人才、经纪人才、乡镇农技服务人才、专合社及企业经营人才）总量已超过 2.4 万人，增长势头良好。通过农民合作社示范社四级联创，全市农民专合社已达 1 384 家，培养了一批作风廉洁、遵纪守法、表率作用强的农民专业合作社带头人。兴办农业企业 398 家，助力发展复合型农村经济。

凉山州非常注重农业经营型人才的培养，结合新型职业农民和农村实用人才培训项目，开展农业职业经理人与青年农场主省级调训、农业职业经理人市级调训、新型农业经营主体培训活动，近五年共培育农村新型经营主体带头人 1 000 余人，农业职业经理人 10 人，青年农场主 23 人。此外，凉山州充分运用国家项目资金，切实地对部分有发展前景的家庭农场进行了以基础设施建设为主的、实打实的扶持和培育，项目建设完成速度和质量居全省第一，2022 年西昌市 11 家家庭农场获得中央财政农业生产发展资金 120 万元。

（5）农业科技人才队伍

农业科技人才在乡村发展中发挥着至关重要的作用。他们不仅为农民提供先进的农业技术指导，还能通过培训和示范，传播先进的农业理念和实践经验，从而激发农民的创新意识，提高他们的农业生产技能，从而提升了整体生产水平。因此，攀西地区积极展开科技人才培养工作。其举措包括制订全面的专业培训计划，通过定期的培训班、研讨会等，为农村科技人才提供与时俱进的知识和技能。同时，攀西地区积极打造农业科技示范基地，通过实地展示先进农业技术和可行的管理模式，激发农民学习的兴趣，促进科技成果的广泛应用。科研与实践相结合是另一项重要举措，科技人才参与科研项目，将研究成果转化为实际生产力，提高他们在实际应用中解决问题的能力。此外，攀西地区鼓励技术指导服务，通过技术专家的指导，为农民提供量身定制的技术支持，从而助力他们实现更好的农业生产效益。

攀枝花市贯彻落实党中央对巩固拓展脱贫攻坚成果同乡村振兴有效衔接的重要部署，强化农业农村科技人才支撑。2022 年，四川省统筹选派"蔬菜、芒果、蚕桑、文旅、自然资源"等 10 个专家服务团，到攀枝花市开展工作，对口组建仁和区、米易县、盐边县、东区、西区 5 个科技特派员团队，实现县（区）科技特派团全覆盖，省、市专家团队协同开展技术指导 330 余次、实操培训 100 余场次，解决技术难题 73 个，推广新品种和新技术 20 个（项），培养技术骨干 179 人、示范户 557 户、基层人才 800 余人，为当地培育了一批留得住、带不走的本土人才和技术资源。

近年来，凉山州科技系统组建了"三区"科技人才队伍、国家重点帮扶县科技特派团队伍、"科技兴村在线"专家人才队伍三支科技人才队伍，通过开座谈会、实地走访、建立线上联络群等方式，召开专题会议 60 余次，开展线上线下调研 300 余人次，征集产业技术需求 70 余项，积极发挥策划科技项目的特长和优势，帮助服务县申报争取各级各类科技计划项目，以科技赋能县域主导产业高质量发展，有效提升了服务县产业发展水平和市场竞争力。仅 2022 年，这些人才队伍就为服务县（市）争取国家、省、州级科技项目 12 项，获得科技资金 3 810 万元，其中：国家级项目（课题）7 项、"三区"人才专项 1 项、资金 2 340 万元，省级产业支撑和科技服务等计划项目 4 项、资金 970 万元，州级科技项目 11 项、资金 500 万元。开展产业指导服务 24 000 余次，帮助解决技术问题 19 000 余个，培训农村实用技术人才 7 300 余人次，指导建立中药材、马铃薯等科技试验示范基地、科技示范园区 39 个、核心示范区 1.5 万亩（1 亩≈666.67 平方米），县域主导产业发展驶入科技赋能的快车道。2022 年 4 月，国家科技特派团（盐源团）以省农科院谢红江研究员为团长的 21 名专家，紧紧围绕盐源苹果等优势产业帮扶需求，引入苹果砧木新品种 8 个，指导建设实验示范基地 5 个，主持编撰技术手册 3 套，累计培训 1 643 人次，解决生产实际问题 21 个，结对帮扶本土人才、企业骨干等 65 人，企业、专合社等新型经营主体 22 家，取得明显实效。

（6）能工巧匠人才队伍

2017 年，四川省出台了《四川省非物质文化遗产条例》《关于传承发展中华优秀传统文化的实施意见》，2019 年又出台了《四川省非物质文化遗产传承发展工程实施方案》，非物质文化遗产（以下简称"非遗"）保护的制度化、规范化水平逐步提升，非遗保护不断加强，传承人才得以发掘和保护。在此基础上，攀西地区依托当地特色，因地制宜地打造自己点的匠人队伍。

截止到 2022 年年底，攀枝花市能工巧匠型人才有 17 038 人，主要是以自己特有技能增收致富的人员，或为种、养能手和大多从事农村社会服务行业的匠人以及经过转移培训输出在其他行业打工的人员。

2021 年，凉山州打造了省级劳模工匠室、创新技能人才工作室 4 个；成立了"凉山州韩春寅绿陶特优技师工作室""凉山州吉伍五呷彝族漆器特优技师工作室""凉山州向明美发特优技师工作室" 3 个特优技师工作室；实施"菁英计划"凉山工匠项目，计划州级层面每年遴选出 5 名凉山工匠，示范带动各县市加大技能人才培育力度，打造更多的高技能人才。

二、攀西民族地区乡村振兴的人才需求

（一）攀西民族地区乡村振兴人才需求现状

攀西民族地区乡村高素质人才队伍和各类专业技术人才数量来源不足、结构不优、整体业务水平不高等问题较为突出，是该地区乡村振兴战略发展的一块短板。攀西民族地区乡村振兴的人才需求体现出职业型、专业型、复合型等社会化特征。

1. 乡村产业发展方面的人才需求

在乡村产业发展方面主要是农技复合型人才、农业经营管理人才、新型职业农民、农业管理科技人才和新型农村服务电商人才。攀西民族地区现代农业发展普遍存在小生产、小规模与大市场的结构矛盾，需要大力进行农业结构组织调整和创新，持续推进农业与现代物流、旅游观光、电商等产业深度结合，推进农村一、二、三产业一体化发展。在此背景下，加快推进农业转型升级，提升农产品质量安全，加强农业科技支撑，持续激发乡村创新创业活力，充分发挥土地、技术、管理、资金最佳融合模式的作用，这需要大量农业职业经理人、新型职业农民、农业科技人才以及农业电商人才等专业化、前瞻性的专业人才引领。

2. 乡村治理方面的人才需求

乡村治理需要的是懂法、懂农村传统的乡村干部管理人才、农村治理人才，乡村振兴的根本在于治理的有效性。在目前攀西民族地区乡村治理过程中，还存在农村集体经济空壳化，农村人口净流出加剧，基层微腐败现象频发等诸多治理问题。构建基层社会治理新格局，要健全党组织领导的自治、法治、德治相结合的乡村基层治理体系，要有具备自治、法治、德治素质能力的乡村干部管理人才和农村治理人才，对乡村基层治理工作进行实事求是的规制与创新，带动当地村民发自内心地自我教育、自我管理自、我约束，鼓励和引导村民在基层组织带领下积极参与乡村建设行动。

3. 乡村人居环境改善方面的人才需求

在乡村人居环境改善方面，主要需要村庄规划、建筑、园林、景观、

艺术设计等乡村规划设计人才和环境治理人才。改革开放以来，伴随着农村经济发展和社会主义新农村建设的不断深化，攀西民族地区农业农村污染及农村生态环境保护问题日益凸显。建设生态宜居新农村既是新时代背景下对农村发展提出的战略要求，也是我国社会主要矛盾转化在农村的充分展现。打造生态宜居乡村，必须培养一批具有绿色发展理念、有生态保护意识、有规划能力的乡村环境治理人才和乡村建设规划人才，在改善农村人居环境、加强农村生态建设和农村环境综合治理的进程中献计出力。

4. 乡风文明方面的人才需求

在乡风文明方面的建设主要需要高素质文化传播人才、新乡贤等。乡风维系着中华民族的文化基因，反映着乡村农民的精神风貌。乡村振兴，乡风文明是支撑。攀西民族地区因民族多样，习俗各异，乡村陋习、不良风气在一定范围仍然存在，需要我们以乡村公共文化服务体系建设为载体，在社会主义核心价值观引领下，探索发掘乡村多元文化价值，继承和弘扬优秀农耕文明、民俗文化，稳步推进农村移风易俗工作。拥有较高的文化水平和道德素养的新乡贤，其示范引领作用和桥梁纽带的作用对于教化乡民、延续传统乡村优秀文化、涵育文明乡风和淳朴民风具有十分重要的意义。同时，善用高素质文化传播人才，进一步落实文化惠民工程，持续满足广大农民对精神文化的需求。

5. 乡村公共服务建设方面的人才需求

在乡村公共服务建设方面，主要需求教育人才和医疗卫生人才。党的十八大以来，攀西民族地区乡村发展成效显著，村容村貌焕然一新，生态环境得到修复，住房条件全面改善，教育基础设施建设水平和教育质量得到提升，健康扶贫领域和医疗卫生发展成效显著，农民收入水平和物质生活水平不断提高。伴随着我国社会主要矛盾的变化，人民群众不仅对物质生活有了更高的要求，还有了更多精神生活层面的追求。在此背景下，持续提高劳动力素质和乡村农民文化程度，持续提升基层医疗卫生健康保障能力，进一步提高公共服务水平，农村地区对农村文化教育、医疗卫生等方面高素质人才的需求也随之增加。

（二）攀西民族地区乡村振兴少数民族人才需求

攀西民族地区少数民族多，少数民族人才振兴关系到地区的整体发展。根据新时期民族工作的要求和攀西民族地区经济社会发展需要，农村地区十分有必要挖掘本地人才，建设一支文化程度高、思想活跃、眼界开阔、开拓创新意识强的少数民族人才队伍，特别是少数民族党政人才、少数民族农业经营管理人才、少数民族农业农村科技人才、新型高素质少数民族职业农民、少数民族骨干教师、少数民族医护人才、少数民族旅游管理人才、少数民族文化艺术人才、少数民族电商人才等，不断提升农民素质，使其成为攀西民族地区乡村振兴的引领者。

1. 少数民族党政人才

攀西民族地区乡村治理有其民族地区的特点。加强农村基层基础工作，离不开高素质的少数民族党政人才。他们是贯彻落实党的路线方针政策，密切党群、干群关系，有效协调农户利益与集体利益、短期利益与长期利益，维护民族地区团结稳定，确保乡村社会充满活力、和谐有序的乡村基层治理重要力量。

2. 少数民族农业经营管理人才

攀西民族地区乡村大力发展家庭农场、新型农民专业合作社、农业公司、种植养殖大户等新型农业经营主体，需要一批知识型、技能型、创新型的少数民族农业经营管理人才（农业职业经理人），他们应具有较强的创新精神和创业能力、较高的经营管理水平和良好的职业道德，应是现代农业生产经营的开拓者与实践者，善于运用各种资源发展农村经济。

3. 少数民族农业农村科技人才

专业型的少数民族农业农村科技人才是推动农业技术创新和实现科技成果转化不可缺少的重要力量，他们能够运用专门的知识、技能或某种科技特长推进技术集成创新和农业转型升级，是支撑和促进民族地区乡村振兴的生力军和带头人。

4. 新型高素质少数民族职业农民

攀西民族地区总体农业不够发达，发展农业经济需要一批活跃在农业或农村第一线，有文化、懂技术、会经营的新型高素质职业农民作为"领头雁"，带动当地农民积极投入乡村建设，通过改变农业农村发展面貌和模式，促进农村一、二、三产业融合，推进农产品精深加工，提高农业综合效益，助推乡村高质量发展。

5. 少数民族骨干教师

重视文化教育，提高少数民族人口素质是攀西民族地区农村发展经济的必由之路，而人口受教育状况是体现人口素质的重要方面，它反映出一个民族发展潜力的大小。发展民族教育靠教师，少数民族骨干教师应是师德高尚、具有先进的教学理念、丰富的教学经验、掌握现代信息技术教育手段、学识广博的学科带头人，他们的素质决定着民族学生的教育质量。

6. 少数民族医疗卫生人才

攀西民族地区地貌复杂，人口分布、经济发展极不均衡，少数民族聚集区与非少数民族聚集区卫生事业发展存在较大差异，乡村医学专业背景医疗卫生人才数量缺乏、年龄偏大、学历和职称层次低，业务能力弱，专业人才引不来也留不住。因此攀西地区亟需自主培养少数民族医疗卫生人才，稳定医疗卫生人才队伍，满足民族地区人民群众卫生健康需求。

7. 少数民族旅游管理人才

攀西民族地区自然资源丰富，风景秀丽，既是生物多样性热点地区，又是文化多样性热点地区。每年彝族"火把节"、藏族"雪顿节"、傈僳族"阔时节"等多姿多彩的少数民族文化活动与当地的自然景观相映成辉，这些基于民族文化的活动带动了民族地区旅游产业的发展，旅游产业越来越成为民族地区经济新的增长点。在攀西民族地区旅游大发展的趋势下，攀西地区对接受过相关专业能力培训的旅游开发管理人才需求显得十分迫切。

8. 少数民族文化艺术人才

攀西民族地区有自己独特的民族文化艺术，这些丰富多彩、独具特色的非物质文化遗产蕴含着所属民族特有的文化基因和精神特质，是璀璨的中华文明的重要组成部分，保护和发展这些民族特色的文化遗产，实现乡风文明与时俱进，需要我们培养和发现一批少数民族艺术人才，作为本土技艺传承人来将乡村传统特色文化代代相传。

9. 少数民族电商人才

目前，乡村电商直播销售这种新型销售模式正在崛起，通过互联网平台拓展农产品销路，在节约销售人力成本的同时，也能依靠农产品的口碑提高乡村特色农产品的知名度。攀西民族地区乡村电商产业的发展离不开懂电商、懂农产品的少数民族人才来经营。

三、存在的问题

乡村人才是推动乡村振兴发展的动力源泉之一，乡村振兴则需要一批训练有素的人才。五个方面的振兴中,产业振兴需要推动产业发展,需要大批精农技、会管理、通财务、善经营的人才;人才振兴需要大批农业生产经营人才,农村二、三产业发展人才,乡村公共服务人才,乡村治理人才及农业农村科技人才;文化振兴需要一批有知识、懂历史、熟民俗、晓民情的人才;生态振兴需要一批懂环保、善治污、熟林水、会规划的人才;组织振兴需要一批精党务、熟党建、通体制、善治理的人才。但受农业的特殊性和自身等因素影响,乡村人才队伍建设存在以下问题。

(一) 乡村人才"难引""难育""难留"

农业农村发展滞后,乡村人才"引不进"。攀西民族地区农业农村发展滞后、不平衡、不充分,突出表现为农业基础薄弱、农村发展滞后、农民增收困难。一是农村条件差,缺少资金、制度、政策、基础设施,教育医疗落后,互联网覆盖率低,公共服务少,生活环境差等原因,导致吸引人才难。尤其交通、水利、电力等基础设施薄弱仍然是制约攀西民族地区人才引进的重大瓶颈。二是攀西民族地区农村作为净流出地区,也让乡村振兴人才的引进面临更为严峻的挑战,这也是"先天不足"。三是政策支持缺乏保障力度,资金支持不足,也限制了乡村振兴管理人才的薪水平提高。优秀经营管理人才的引进,各镇以及各村往往各自为政,没有形成统一的资源整合。四是乡村振兴人才缺少成长空间,面临着晋升通道狭窄的问题,而普通村干部的工资匹配以农保为主,缺乏上升空间。

城乡二元结构明显,乡村人才"留不住"。鼓励并引导各类人才到乡村创业创新,留住人才非常关键。一是城乡二元结构明显。由于城乡在社会层面的教育、医疗、劳动保障、社会保障、养老、福利等方面的政策不同,农村的社会经济发展驱动力不足,城乡差距进一步扩大,农民的人均纯收入落后于城市居民人均可支配收入,农村文化、科技、教育、卫生、体育等现代化文明的发展远远落后于城市。例如,凉山州农民人均纯收入不到城镇居民可支配收入的1/3;区域二元分化明显,安宁河谷流域地区生产总值及地方公共财政收入超过全州总量的70%,其余11县的地区生产总值、地方公共财政收入总和分别仅为全州的27.3%、26.2%;县域内部也呈现二元特征,河谷地带与二半山区、高山区在地理条件、自然资源、基础设施、公共服务、民风民俗、发展需求等方面存在较大差异。二是政策机制不完善。农村实用人才的待遇和优惠政策落实不够,不能调动他们的积极性，难以吸引人才；另外对农村实用人才没有统一的、具体可行的管理模式，管理服务不到位，致使没有形成有效的人才带动机制，农村实用人才示范带动作用没有得到充分的发挥。三是乡村工作压力"巨大"。乡村属于最基层单位，正所谓"上面千条线，下面一根针"。基层干部需要落实各级人民政府制定的政策如今乡村普遍存在一人多用、一人多职的现象，高强度的工作使得基层工作人员身心俱疲，不少人选择离开基层、逃离乡村。在调查中发现，自然环境恶劣和生存条件较差的边远山区，其乡村人员外流更为严重，有的乡村已出现"农业人口老龄化""空心化""空巢化"等现象，这些地区已留不住劳动力，更难留住人才。

培训不系统，乡村人才"育不强"。乡村人才振兴，培育是根本，基础在本乡本土。一是缺乏针对性规划。目前的规划和政策只是针对特殊、急需的高端的乡村人才培养，整体上比较零散，缺乏对乡村人才队伍培养的针对性规划。同时，乡村人才的培养职能在不同的部门，各自为政，多头管理，部门联动性差，难以对乡村振兴战略的实施形成强有力的人才支撑。二是根植本土人才的培养力度不足。技术型人才、管理型人才、创新型人才还可以靠优惠政策和经济回报引进，而普通专业技术人才则只能靠开发培养本地人力资源这一途径来解决。对本土人才培养来说，攀西民族地区要彻底纠正以往把农村人才培训局限在"农业"和"劳务输转"范围的狭隘观念，使农村人才培训不再是为单纯的农业生产和劳务输转服务，而是要为乡村一、二、三产业的融合发展、为乡村教育医疗等公共服务的全面享有、为乡村社会本身的全面振兴与现代转型服务。要让乡村社会"土专家""田秀才"的作用充分发挥出来，把乡村社会一切可造之才培养和使用起来，在普通专业技术人才的培养和使用方面，更要注重从本乡本土现有的人力资源中去挖掘和培养，决不能一提人才眼中就只有"外来女婿"而想不起"本地郎"。三是新型职业农民队伍培育不足。新型职业农民是振兴乡村、发展现代农业的重要主体。在实际工作中，由于缺乏相关筛选机制，在选择培育对象时存在较大的随意性，培训力量分散，培育内容不丰富，实效性不强，培训效果不明显等问题，无法有效满足多元化需求。四是农民成为新型职业农民意识薄弱，小农思想仍占据主导位置，农民参与培训的意愿不强和积极性不高。

（二）乡村人才总体数量偏少、差异较大、专业素质不高

乡村人才总体数量偏少。攀西民族地区居民文化素质偏低，据第七次

人口普查，凉山州每10万人中拥有大学文化的人口为6 776人，远远低于全国的15 467人。农民文化素质普遍偏低，攀西民族地区农村人口不识字或识字不多的占比较大，尤其是边远少数民族地区化素质更低。许多人没有接受过系统性的知识学习，主要依靠自己多年来的经验积累，掌握了一些零星的实用技术，并没有形成完整、系统的知识结构，也没有一套专业、完善的系统性技术操作规程。凉山州乡村实用人才占农村就业人员的比例为3.1%，攀枝花市为4.18%，均低于全国的5%。这反映出攀西民族地区乡村人才储蓄量低下，乡村人才匮乏，人才问题是制约广大乡村发展的关键因素，也影响到了乡村振兴的实现。

不同类型人才差异较大。目前乡村的人才主要是一般生产型人才，他们是粮食种植、牲畜养殖方面的能手，但懂得现代生产专业技术和经营管理的十分缺乏。生产型人才是基石，乡村也需要大批农业科技、管理、市场型人才，这些思想开放、有文化、敢实践的人才汇聚于乡村，能够助力乡村振兴的实现。现阶段，攀西民族地区管理型人才也严重匮乏，主要是农村企业数量有限，且大多数企业都属于小微企业，难以形成生产的规模效应，且这些小微企业更加偏向于技术化生产，导致管理岗位供应不足，难以给管理型人才提供表现机会。同时，农村企业的技术型人才薪资水平相对较低，原因在于农村企业生产规模有限，经营利润难以满足过高的人才薪资开支，这将影响技术型人才扎根农村的意愿。攀西民族地区支撑农业产业发展的人才总量不足、结构不合理。据调研，直接服务于第一产业的乡村人才（从事农业生产、农产品销售和农业技术服务的乡村人才），种植养殖人才最多占30%，其次，专业合作社及企业经营人才25%，第三，为农村电商人才、农村技能人才，分别接近20%，最少为农村经济型人才和乡镇技术服务型人才，分别不足5%。

专业素质不高。据《第三次全国农业普查公报》的数据显示，只有7.1%的农业生产经营人员拥有高中（或中专）以上学历，受过大专及以上教育者仅占1.2%。而攀西民族地区现有乡村人才大多数是靠自学成才或者具有生产实践经验的乡土人才，学历程度主要集中在初中以下，大专以上学历的人员较少，高中以下学历占乡村实用人才的90%以上。攀西民族地区农业农村人才素质不高、知识断层、年龄老化，加之各级各部门对农业领域专业技术人员专业创新和创造奖励政策机制尚不清晰，创新创造激励活力不足，限制了其专业优势和创造潜能的全面发挥。农村青年尤其是有专长和才干的年轻人大都不愿在农村从事农业生产，绝大多数乡土人才年龄偏大，思想偏于保守，接受新知识、新技术和新观念比较困难，一旦遇到新环境、新领域，就会不知所措。

（三）"乡贤"和新型职业农民人才匮乏

当下乡村还缺乏乡贤类人才。乡贤回乡创业带来的不仅是资金、技术、信息和管理经验，而且带动了乡村产业振兴。一方面，乡贤回乡开办企业，开发当地旅游资源，提高了村民收入，可以让村民看到新的希望。另一方面，由于乡贤从事的大多是非农产业，他们的到来促进了乡村产业结构升级。因此，乡贤是懂得管理经验、拥有资源优势的新型村民，能对乡村的产业、经济、文化等诸多方面产生深远影响。

新型职业农民是有一定文化水平、懂得相应机械化耕种技术、能较好地融入市场经济中的经营者。攀西民族地区新型职业农民严重不足，而培育新型职业农民投资主体过于单一，且培育效率较低。调研发现，随着新型职业农民培育工作的开展，现有的农民专业合作社已经成为新型职业农民培育的重要投资主体。由于我国农民自身资本缺乏、受教育程度较低和整体综合素质较差等原因，现有的农民专业合作社普遍存在规模小、分布散、影响力弱和培育人数过少等问题，往往一个地方拥有数百家农业合作社，而实际培育新型职业农民数量却极少。同时，大量返乡农民工并未从事现代农业生产，更多的是在城镇中从事个体经营、服务业等相关产业。2015 年 6 月，中华人民共和国农业部提出统筹开展新型职业农民和农村实用人才认定工作，实际情况是新型职业农民培育和农村实用人才认定工作分属不同的部门，且培育认定标准难以统一，区县政府未发布新型职业农民和农村实用人才认定管理办法，工作难以统筹。2018 年，各区县仅在基于新型职业农民培训合格基础上做了简单认定；没有按要求构建新型职业农民和农村实用人才扶持政策体系，未把财政补贴资金、示范推广项目、土地流转政策、金融社保支持等与新型职业农民和农村实用人才认定工作挂钩，给乡村新型职业农民和农村实用人才队伍建设带来很大影响。

第五章　四川攀西民族地区
人才振兴体系

一、人才振兴的发展思路

乡村人才队伍的培养和建设是支撑乡村振兴的根本所在，也是推动农村发展、实现乡村振兴的重要推动力。实现乡村振兴的目标第一步是乡村人才的振兴，只有乡村人才振兴了，才能带动其他资源的振兴，进而达到乡村振兴的战略目标。自改革开放以来，我国高度重视人才发展，提出了"人才强国战略"和"科教兴国战略"。在两大战略政策引导下，人才振兴取得了显著成就。我国人才培养体系不断完善，人才规模不断扩大，人才素质不断提升，人才队伍结构不断优化。习近平总书记指出："办好中国的事情，关键在党，关键在人，关键在人才"。毫无疑问，作为生产力主体的人，特别是有能力、有资源、有知识的人才，在整个社会发展历程中起到无可替代的关键作用。但是目前，乡村人才的建设还不能满足乡村振兴战略的需求，影响了农业农村的发展。因此，要解决好"三农"问题，必须坚持农村各类人才的优先发展，改变人才匮乏、能力素质与乡村发展不相匹配的现状，创建一支服务乡村振兴，懂农业、爱农村、爱农民的高素质乡村人才队伍。

攀西民族地区是四川省的一个多民族聚居的地区，拥有丰富的自然资源和独特的民族文化。然而，由于历史和地理等多方面的原因，该地区经济发展相对滞后，人才资源也较为匮乏。人才振兴是乡村振兴的关键，对于实现农村可持续发展具有至关重要的作用。为了推动攀西地区的经济社会发展，我们必须重视人才资源的开发和利用，加快推进人才振兴。

攀西民族地区人才振兴发展思路可以概括为以下七个方面：

1. 加强党的领导

加强党对攀西民族地区乡村人才队伍的政治领导、组织领导以及思想引领，使其能够自觉地贯彻落实党的各项方针政策，成为助力乡村振兴的关键力量，确保乡村振兴战略沿着正确的航向不断前进。

2. 优化政策环境

政策环境是人才振兴的关键因素之一。建立健全攀西民族地区乡村人才引、育、留、用体制机制，不断优化、完善有利于人才发展的政策环境，激发人才的创新活力，吸引、留住更多的人才服务民族地区乡村建设。

3. 深化管理体制改革

结合攀西民族地区实际，完善乡村人才的薪酬与晋升体系，尽可能地为乡村人才解决后顾之忧，千方百计地为乡村人才提供地区工作补贴、交通补助等优待政策，同时要让乡村人才能够有畅通的晋升渠道。对于乡村工作有突出贡献的，在人才使用上优先推荐。完善乡村人才评价和激励机制，建立以创新能力和实际贡献为导向的评价标准，激励更多的人才投身于乡村建设，愿意到农村创新创业，鼓励乡村人才多做贡献、做好贡献。

4. 加强人才培养

优化攀西民族地区教育资源配置，建立健全从幼儿园到大学的完整教育体系，加大对乡村人才教育、培训的投入，以农业企业管理者、返乡农民工等为重点，加强本土乡村人才的系统性、专业化教育培训，不断挖掘农村人才资源潜力，培养更多高素质乡村人才。

5. 推进人才流动

充分盘活现有的各类发展资源，打破地域限制，推动各类优秀人才向攀西民族地区乡村合理流动，为本地实现乡村振兴注入新鲜血液。注重引进能够带动乡村重点产业发展的重点人才，并加大对于重点人才的支持力度，提高人才利用率。

6. 支持技术创新

加大对攀西民族地区乡村创新型企业和创新人才的扶持力度，鼓励乡村企业加强技术创新改造，提高技术创新能力，同时加强产学研合作，促进科技成果转化为实际生产力，让技术创新成为推动人才振兴的重要动力。

7. 鼓励社会力量参与

发挥社会力量的作用，建立多元化的人才投入机制，通过多种渠道，引导社会资本支持攀西民族地区人才发展。鼓励企业、社会组织和个人设立人才发展基金，大力支持人才培养和科技创新。

攀西民族地区人才振兴是一项长期而艰巨的任务，需要政府、企业和社会各界的共同努力。只有通过制定更加科学合理的人才政策，加大人才培养和引进力度，优化产业结构，建立健全人才培养、使用机制，加强创新创业支持等多方面的措施，才能打造出致力于服务攀西民族地区乡村振兴的高素质、专业化乡村人才队伍，实现人才资源的有效开发和利用，推动攀西民族地区经济社会发展。

二、人才振兴的开发主体

（一）乡村人才的开发主体

人才开发是指将人的知识、能力、才华作为资源进行发掘，调动人才的潜能，合理配置，达到人尽其才的效果。开发人才包括发现、挖掘、培养、选拔、培训、应用、管理、绩效考核，通过一系列的专业知识教育达到提高专业技术能力，并且可以投入使用的目的。在乡村振兴战略中能够作为主体开发乡村人才的，主要有政府、涉农企业、高校、科研院所和培训机构、社会非营利组织等。

政府是攀西民族地区人才振兴的主要推动者。政府在制定相关政策、提供资金支持、加强人才培养等方面营造良好的人才发展环境，将乡村人才开发职责赋予地方人力资源和社会保障局、农业农村局、科技局等多个政府部门协同发挥作用，多渠道开发乡村人才，积极推动人才发展。同时，政府还负责搭建人才交流平台，促进人才流动和合作。

涉农企业是攀西民族地区人才振兴的重要参与者。涉农企业包含综合性兼农企业和农业企业，其中综合性兼农企业是指综合实力较强，并且涉及农业领域的企业；农业企业是指通过种植、养殖、渔猎等生产经营而取得产品的营利性经济组织。它们能够直接促进农业发展和乡村人才开发。企业通过招聘、培训乡村人才，提高员工的技能水平和综合素质，增强企业的竞争力和创新能力，推动企业发展壮大。同时，企业还通过提供就业岗位，带动攀西民族地区农业产业和经济的发展。

高校、科研院所和培训机构是攀西民族地区人才培养和科技创新的重要载体。高校和科研机构通过制订实施农科专业人才教育培养计划、提供培训课程、组织职业培训、加强科研合作、提供农业技术咨询、开展涉农实践活动等方式，培养高素质乡村人才，提高人才的技能水平和综合素质，增强他们的就业能力和社会责任感。

社会非营利组织在攀西民族地区人才振兴中扮演着重要的角色。社会非营利组织是不以营利为目的的组织，它具有民间性、志愿性、非政治性等特点，其组织形式包括社会团体法人、基金会、民办非企业单位以及民间公益组织。众多社会非营利组织与各级政府、企业通力协作，对攀西民族地区的教育、医疗、环保等多方面进行了公益性投资，助力了民族地区发展。

上述人才开发主体在攀西民族地区人才振兴中发挥着重要的作用。它们通过不同的方式促进人才培养、科技创新和产业升级，为攀西民族地区的经济社会发展提供源源不断的人才支持。

（二）乡村人才开发面临的挑战与对策

攀西民族地区乡村人才开发仍面临挑战，主要表现为：

第一，政府面临政策协调和资源分配的挑战。政府需要平衡不同地区、不同行业的发展需求，合理分配资源，制定有效的政策措施。

第二，涉农企业面临市场竞争和技术更新的挑战。企业一方面需要不断创新，提高技术水平，适应市场的变化和需求；另一方面要以营利为目的，生产经营和人力资源开发的成本如果与开发人才为企业创造的价值不对等，会削弱企业开发人才的积极性。

第三，高校和科研机构面临提升教育质量和科研水平的挑战。教育作为一种最直接并且高效的人力资本投资手段，对于开发人才十分重要。高校和科研机构需要构建系统的、高效的农业教育科研体系，不断提高教育质量和科研水平，培养出更多高素质的农业人才。

第四，培训机构和社会非营利组织面临资金投入的可持续性的挑战。培训机构和社会非营利组织需要寻求稳定的资金来源，才可长期可持续发展。

针对上述问题，综合政策要求和目前已成功的经验，政府应主要考虑从两个方面加强和改进：一是政府加强政策协调，优化资源配置，推动攀西民族地区不同地区、不同行业的人才振兴；涉农企业加强技术创新，提高员工的技能水平和综合素质，积极推动产学研合作；高校和科研机构加强教育教学改革，提高教育质量和科研水平，培养更多高素质的人才；社会非营利组织和培训机构应寻求稳定的资金来源和合作伙伴，开展有针对性的培训项目，提高人才的就业能力和社会责任感。二是在乡村人才开发的主体关系上，应当以平等互惠、利益一致为原则，减少利益冲突。攀西民族地区人才振兴是一项系统工程，政府、涉农企业、高校、科研机构、培训机构、社会非营利组织等应当加强合作和沟通。政府作为制定和执行政策的机构，应当主动加强与其他人才开发主体之间的合作与支持，比如对部分涉农企业在商业或税收政策上予以适当减免，一定程度上提高企业开发人才的积极性，通过合理的政策倾斜，努力营造优势互补、平等互惠的合作环境。其他人才开发主体之间也应充分发挥自身优势，多方面加强合作，共同努力开发乡村人才，助力攀西民族地区乡村振兴战略的实现。

三、乡村振兴人才培养模式

（一）乡村人才培养存在的问题

我国乡村人才队伍建设是一个复杂且长期的工程，不是一蹴而就的，也不是一个单位、一个组织能够独自完成的，它是一项需要组织、人事、教育、农林、卫生、劳动等多个职能部门共同完成的工作，需要政府、社会和村民多方面共同努力。目前，我国人才培育体系主要存在培育内容没有联系实际、培育方式不够灵活等问题。乡村振兴首先要重点解决"三农"问题，所以在人才培养内容上要侧重培养新型职业农民进而解决"农民荒"的问题，但是目前很多人才培育课程的内容未能与农村实际发展进行有效的衔接，农村专业培训往往缺少优秀的具有乡村技能培训能力的师资力量的引导，即使学到了理论知识，在实际生活中也难以运用。另外，培育方式也不够灵活，农村人才培育往往采用集中培训的方式，但是农村人口农事繁忙，农村专业培训难以找到合适的时间、地点来进行，培训工作实施难度较高。解决好以上问题，攀西民族地区需要从以下五个方面着力。

1. 提高乡村自身的吸引力

建设农村，最重要的是要留住人。因此，当地政府需要着重从改善农民生活、引导返乡人员创业、鼓励社会人才投身乡村建设等方面提高农村自身吸引力。首先，就改善农民生活而言，建设社会主义新农村首先要为农村人口创造更好的生活环境，通过旧房拆迁和社区规划解决农村冬冷夏热的问题，增强农村居住的幸福感。不断完善基础设施，通过厕所革命和垃圾分类使农村生活环境更加宜人。其次，提高农村人口的收入。农村经济发展起来，农民可支配收入增长了，才能更好地留住人。要坚持因地制宜的原则，实现农业经营的统一管理和批量生产，不断提高农村生产力，延长产业链，提升农产品的附加值。通过专业培训提高农民的农业经营种植效率，进而提高农民的收入水平。再次，提高农村医疗卫生水平。新型农村合作医疗制度的建立和实施在一定程度上缓解了看病难、看病贵的问题，不断提高了农村医疗卫生水平，推动医疗卫生工作下移、医疗卫生资源下沉，推动城乡基本公共服务均等化，真正减轻了农民群众看病负担。最后，提高农村地区教育水平。近年来，"寒门再难出贵子"的思想深刻地影响着很多农村家长，他们为了孩子接受良好的教育不惜举家搬迁到城市居住。农村地区要留住人才，就必须不断完善教育基础设施，提高现有乡村教师的水平。鼓励优秀的年轻教师深入基层任教，并给予一定政策支持和工资补贴，不断改善教学环境，建好配套设施，缩小与城市教育水平差距。

2. 科学制订人才培养计划

人才队伍建设要坚持可持续发展理念，制订完善科学的人才培养方案。乡村人才培养可以依托计算机技术，建立网上人才数据库，将农村实用人才的数量、分布性情况、掌握技能等基础信息录入平台，从而依据本地区未来发展规划，合理预测本地发展所需人才缺口，并针对缺口开展人才引进和培养工作，增强人才培养的目的性和针对性。制订科学的人才培养计划，政府应从以下两个方面入手：一是重视高校教育，培养农村后备人才，通过学校教育，加强对青年学生思想方面的引导，让他们秉承以"为天地立心，为生民立命"的初心，奋发图强，不断鼓励青年学生深入基层锻炼，坚持学以致用；时刻鼓励广大青年到基层和人民中去建功立业，让青春之花绽放在祖国最需要的地方，在实现中国梦的伟大实践中书写别样精彩的人生，以实现广大青年不怕基层、愿下基层、敢下基层、能下基层的理想状态，从而在一定程度上减少人才外流。二是开展专业技能培训，提高农村人才的整体素质。"三农"专业人才在乡村振兴过程中起到了不可替代的重要作用。在专业技能培训过程中要始终坚持实事求是的原则，实行分类递进培训，实行产业和人才需求对接，加大对乡土人才的培养力度，通过网络授课和开办农业职业教育等方式提高农村专业人才队伍的专业水平，为乡村农业发展提供技术支撑。

3. 构建完善的人才培育体系

对于农村人才队伍建设而言，人才培育体系不完善是一个关键且致命的问题，这将直接影响乡村振兴战略的实施。要构建完善的人才培育体系。首先，重视政府对乡村人才建设的导向作用，以党和政府对于人才队伍建设的理论、政策为指导思想，不断完善人才成长平台，逐步完善人才成长制度。其次，重视市场对人才的配置作用。在市场资源配置下，城乡二元结构被打破，农村人才单向流入城镇的格局改变，各类农村人才不断流动，农村逐渐成为人才培育的重要阵地，在这样的大环境下，要健全市场机制、不断完善人才市场信息，将市场配置与政府引导充分结合起来，创造更加便利的人才流动渠道和人才流动环境。再次，全方位、多层次构建人才培育系统。农村人才队伍建设必须要全盘谋划，坚持"引、育、用、留"的原则。人才引进，要以实际需求为导向，实现针对性引进。人才培育，要实现精准培育，在统筹谋划地区发展的前提下，精准定位紧缺型人才，不断完善人才培育机制，采用多种培育方式，逐步增添培育内容，造就一批"爱农村、懂农民、懂农业"的农村内生型人才。人才利用要实现最大化，减少偏见，将引用与培养置于平等位置，避免"重引轻用"现象，在农村发展过程中坚持与时俱进培养人才，不断提高人才在建设社会主义现代化农村的利用率。留住人才，要从平台和环境两个方面入手，为人才发展提供有利的平台，逐步健全人才激励管理制度，不断完善基础设施，改善农村生活环境，从各方面提高人才工作积极性，使人才自愿自觉扎根农村。最后，优化人才发展环境，政府与社会多方位加强人才引导，采取多种措施落实人才工作，树立人才典型事例，营造识才、爱才、敬才、用才的良好氛围。与此同时，不断改善医疗、卫生、教育等方面的基础设施，充实物质环境，为人才的发展提供良好的生活环境，促进农村人才的多样化发展。

4. 引导返乡人员回乡创业

返乡人员不仅是农村人才队伍中的重要部分，也是推动农村经济发展，进行创业创新的主力军。引导他们入乡创业，当地政府需要整合科研机构、高校、企业人才资源，加强多元主体协作，推动政策、技术、信息、资本、管理等现代生产要素向农村集聚，为返乡创业人员提供良好的创业环境和政策扶持，鼓励他们就近就地创业、返乡就业创业。

5. 鼓励社会人才投身乡村建设

社会人才具有乡村建设所需要的人力、财富等相关资源，鼓励以新乡贤为代表的社会人才投身农村建设，不断扩充农村人才队伍建设。当地要制定激励机制，通过乡情乡愁吸引各类社会人才为乡村建设贡献力量、添砖加瓦。

（二）乡村振兴人才培养模式创新

1. 人才培养模式类型

攀西民族地区乡村振兴人才培养模式主要包括定向培养模式、实践锻炼模式、创新创业模式三种类型。

（1）定向培养模式：攀西地区的高校和职业院校应与当地的农业企业、农村合作社等机构开展深度合作，实施定向培养计划。根据农业产业和农村发展的实际需求，开设相关专业和课程，提供系统的理论学习和实践操作相结合的培养方式。同时，加强与发达地区的交流与合作，引入先进的农业技术和经验，提高人才培养的质量和水平。

（2）实践锻炼模式：为了提高学生的实践能力和综合素质，攀西地区可以组织各类实践锻炼活动，如顶岗实习、志愿服务、社会实践等。通过实际操作，学生可以更好地掌握所学知识，提高解决实际问题的能力，并在实践中了解农村发展的现状和需求，增强为乡村振兴服务的意识和能力。

（3）创新创业模式：在人才培养过程中，应注重培养学生的创新创业意识和能力。通过开设创业课程、提供创业实践机会、加强导师的指导等方式，鼓励学生自主创业，带动乡村振兴。同时，高校和职业院校可以与农业企业、农村合作社等机构合作，共同开展技术研究和产品开发，推动农业技术创新和产业升级。

2. 人才培养模式的创新与对策

攀西地区乡村振兴人才培养模式的创新与对策：

（1）完善课程体系建设。针对攀西地区的农业产业和农村发展需求，完善课程体系建设。在课程设置上注重实用性和创新性，注重培养学生的实践能力和综合素质。同时，加强与发达地区的交流与合作，引入先进的农业技术和经验，提高课程的质量和水平。

（2）加强师资队伍建设。攀西地区的高校和职业院校应加强师资队伍建设，提高教师的专业素养和实践能力。通过引进优秀人才、加强教师培训和实践锻炼等方式，提高教师的教育教学水平和实践指导能力。同时，鼓励教师参与农业技术研究和产品开发，推动农业技术创新和产业升级。

（3）优化实践锻炼环境。为了提高学生的实践能力和综合素质，攀西地区应优化实践锻炼环境。加强与农业企业、农村合作社等机构的深度合作，建立实践教学基地和实习实训平台，为学生提供良好的实践锻炼机会。同时，鼓励学生参与志愿服务、社会实践等活动，增强为乡村振兴服务的意识和提升服务能力。

（4）强化政策支持。政府应加大对攀西地区乡村振兴人才培养的支持力度，制定相应的政策和措施。例如，提供财政补贴、奖学金优惠等政策，吸引优秀人才到攀西地区从事乡村振兴工作。同时，加强对高校和职业院校的支持和指导，推动人才培养模式的创新和发展。

攀西地区的乡村振兴需要注重人才培养模式的创新和完善。通过定向培养、实践锻炼、创新创业等模式，培养一批为乡村振兴服务的高素质人才。同时，完善课程体系建设、加强师资队伍建设、优化实践锻炼环境、强化政策支持等措施是提高人才培养质量的关键。只有不断推进人才培养模式的创新和发展，才能为攀西地区的乡村振兴提供强有力的人才保障和支持。

第六章　四川攀西民族地区人才振兴的路径

　　攀西民族地区人才现状主要存在三个方面的问题：一是乡村干部人才队伍数量不足、质量不高、年龄偏大、学历偏低、专业素养不足，导致在乡村振兴建设中工作队伍的领导力和执行力不强。二是农业科技人才队伍数量严重不足，缺乏现代农业科技知识和管理经验，导致在农业生产技术落后、管理粗放。三是民族文化人才短缺，导致文化传承和创新能力不足，无法充分发挥攀西民族地区的文化优势。

　　乡村人才振兴涉及顶层规划、制度保障、社会氛围营造等各个层面，是一个多元联动的系统工程。立足攀西民族地区现实情况，借鉴全国乡村人才振兴的路径，结合攀西民族地区的历史、文化、基础、地形，以及农业发展的特色，攀西民族地区在乡村人才振兴的路径选择上应注重考虑四个方面的问题：

　　第一，建立健全乡村人才管理机制。乡村人才的分布比较分散，将这些乡村人才有序地聚集起来管理有一定的难度，因此，需要在牢固树立"人才资源是第一资源"和"党管人才"观念的基础上，建立健全县、乡、村三级管理体系，形成县委集中领导，组织部门牵头抓总，职能部门各司其职的管理模式，加强对乡村人才队伍建设的经常性指导、跟踪管理和服务，切实帮助乡村人才解决一些生产与生活上的实际困难，让乡村人才的效能得以充分发挥。

　　第二，建立健全乡村人才教育机制。以能力建设为核心，以提高乡村人才整体素质为目标，通过集中培训、专题教育、交流合作等途径持续加强乡村人才的教育培训，促进乡村人才队伍整体素质满足乡村振兴人才需要。一方面是有目的、有计划、有针对性地选派一批优秀的、有发展潜力的乡村人才到经济发达地区乡村参观学习，启迪思维，开阔视野；另一方面是加强本区域乡村人才之间的交流与合作，相互取长补短，共同提高。

第三，建立健全乡村人才评价机制。坚持德才兼备，鲜明重实绩、重能力导向，建立以实际能力、业绩、贡献为核心的乡村人才评价体系，针对乡村生产型人才、管理型人才、科技型人才、经营型人才、文化型人才等不同类型的人才分类构建合理的评价标准，坚持以事择人、人事相宜，科学评价乡村人才。同时，注重评价结果的使用，发挥优秀人才的引领作用，鼓励其办企业、兴实业，发展乡村新业态，厚植乡村产业优势；对于评价结果不佳的乡村人才，分析原因，给予针对性的帮扶措施，扶持其成长发展，保证其在乡村振兴的道路上不掉队。

第四，建立健全乡村人才激励机制。通过加大对乡村人才的评选表彰力度，选树乡村人才优秀典型，大力宣传优秀人才先进事迹和成功经验，扩大人才的影响力和示范带动作用，增强他们的荣誉感；通过完善乡村人才专业技术职务晋升办法，为作出突出贡献的乡村人才开辟"绿色通道"，充分调动他们服务乡村振兴的积极性；通过保障乡村人才的政治待遇和经济待遇，激发人才在农村干事创业的激情。

攀西民族地区人才振兴，主要从全面培养和分类施策两个方面开展相关工作。

一、全面培养

强化乡村振兴人才支撑，需要实行更加积极、更加开放、更加有效的人才政策，健全人才引进、培养、评价、服务保障等机制，激励各类人才在农村广阔天地大施所能、大展才华、大显身手，实现乡村人才振兴。

（一）加强攀西民族地区人才队伍建设

大力加强攀西民族地区人才队伍建设，加强人才培养开发，全力打造农村专业人才队伍，为乡村振兴提供可持续的人才保障。主要从以下几个方面着力：

1. 实施"三农"工作队伍建设工程

按照"懂农业、爱农村、爱农民"的队伍建设要求，提升"三农"工作队伍水平和能力。加强农口系统领导班子建设，各级党政领导要懂农业、能抓好"三农"工作。完善人才培养、考核、选拔、任用机制，健全从优秀村党组织书记中选拔乡（镇）领导干部、考录公务员等制度，推动实现"三农"领导干部年轻化、专业化、专家化。强化"三农"人才培训，抓好干部人才农业知识技能培训，拓宽县级"三农"干部来源渠道，选派乡（镇）优秀干部人才到省、市机关挂职。建立农村党员定期培训制度。实施农村优秀干部人才递进培养计划，确保每个村至少储备2名后备干部。抓好农业青年人才、农业优秀人才、农业领军人才等人才培养项目的贯彻落实，加大乡村振兴人才递进培养力度，不断优化乡村治理人才队伍。

2. 实施新型职业农民培育工程

以吸引年轻人务农、稳定和提升现有农业从业者队伍为重点，加快培育一批适应现代农业发展的生产经营型、专业技能型、社会服务型高素质新型职业农民；实施新型经营主体带头人、现代青年农场主、农业职业经理人三类培训计划，打造高素质农业生产经营者队伍，为乡村振兴提供坚实的人力基础和保障。统筹利用好农广校、涉农院校、农业科研院所、农技推广机构、农民专业合作社、农业龙头企业等各类资源，健全完善"专门机构+多方资源+市场主体"的创新培养模式，建立市、县（区）新型职业农民培训、认定和管理三位一体的新型职业农民教育培训体系，着力培养一大批懂经营、会管理、有技术的新型职业农民，激发乡村振兴内生动力。

3. 实施农村职业经理人培养工程

以家庭农场、农民合作社等新型经营主体为载体，扶持一批农业职业经理人、经纪人。

4. 实施基层农技人员培养工程

依托地方高校农科类专业培养一批进得来、回得去、用得上、留得住的基层农技人员，定期对基层农技人员开展知识更新培训；加大本土人才培养力度，开展乡土人才示范培训，认定一批带动能力强、有农业生产经验或一技之长的"土专家""田秀才"和农村家庭能人。

5. 实施乡村旅游人才建设工程

实施"乡村旅游带头人培养计划"和"乡村旅游实用人才培训工程"，重点培训乡村旅游经营户、乡村旅游带头人、能工巧匠传承人和乡村旅游干部，大力培养乡村旅游人才。

（二）吸引各类人才投身攀西民族地区乡村发展

实行更加积极、开放、有效的人才引进机制，引导教育、卫生、农业、法律、文化等行业科技人员、专业技术人员向基层流动。出台市场准入、财政投入、金融服务、用地用电等方面的优惠政策，支持更多优秀农民工、高校毕业生、退伍军人等各类人才返乡创业就业，完善农村创业就业人员配套公共服务和新型农村经营人才扶持政策。推行岗编适度分离制，健全乡村教师、医生、农村建筑工匠、农技员的补充、发展、关爱制度，引导专业技术人员流向基层。实施农技推广服务特聘计划，允许农技员通过提供增值服务合理取酬。建立急需紧缺人才援助机制，选派市、县（区）优秀人才对口援助，组织专家到农村开展智力服务，选派城市优秀科教文卫工作者援助乡村，允许符合要求的公职人员回乡任职。发挥群团组织优势和各民主党派、无党派人士积极作用，共同支持乡村振兴。推进选派选调生、选聘大学生村官、招募"三支一扶"志愿者、与机关院校结对帮扶等方式，引导青年人才走进乡村，扎根乡村，为乡村振兴发展出力。充分挖掘本籍在外工作人才资源，搭建人才交流平台，采取联谊交流、项目合作、课题研究、顾问咨询等方式，促进高层次人才柔性回引。积极引导和支持退休干部、知识分子和工商界人士等新乡贤返乡。

（三）优化人才发展环境

优化乡村人才发展环境，加强人才服务保障，营造人才发展良好氛围。

（1）创新农村人才培养机制，建立学校教育和实践锻炼相结合、基础教育与职业教育相结合、内部培养与外部交流合作相结合的农村人才培养开发模式。加强高校专业建设，培养更多符合当地产业发展需求的专业人才。同时，通过选派优秀干部和青年人才到发达地区、先进单位挂职锻炼，提高其领导能力、管理水平和业务技能。

（2）建立健全乡村人才引进机制，加大人才引进项目、资金支持力度，形成逐年增长的长效机制；建立创业投资机制，扶持鼓励有潜力的青年农民发掘项目，自主创业，成为新型农村实用人才；建立人才引进绿色通道，对于高层次人才、紧缺专业人才等，采取特殊招聘、特岗引进、柔性引进等方式，吸引更多优秀人才来到四川攀西民族地区工作。

（3）完善农村生产经营、社会福利等政策体系，引导新型职业农民参加城镇职工养老、医疗等社会保障，改善农村人才工作、生活条件，提高工资待遇，妥善解决人才配偶就业、子女入学等问题。

（4）优化乡村人才评价体系，建立体现基层专业技术人才工作实际和特点的评价标准，提高履行岗位职责的实践能力、工作业绩、工作年限等评价权重，针对在农村扶贫工作中有突出贡献的、参加扶贫工作取得显著成效的专业技术人才，在职称评定中给予适当政策倾斜。

总之，攀西民族地区人才振兴的路径是多方面的，需要政府、企业、社会各界共同努力，营造良好的人才发展环境，吸引更多优秀人才来到乡村工作，为乡村经济发展提供有力支撑。

二、分类施策

攀西民族地区是一个以农业为主导产业的地区，由于历史、地理等多方面原因，地区的发展相对滞后，乡村人才队伍仍存在数量不足、素质不高、结构不合理等问题。为了推进攀西民族地区乡村振兴，必须采取分类施策的方法，针对不同类型的人才问题，采取不同的对策和措施，以提升乡村人才队伍的整体素质和能力。以乡村干部人才、农业科技人才、电商人才为例：一是加强乡村干部人才队伍建设。通过选拔培养优秀年轻干部、推动干部交流任职、加强干部培训等方式，提高乡村干部人才队伍的整体素质和能力。二是加强农业科技人才队伍建设。通过引进现代农业科技和管理人才、建立农业科技研发中心、加强农民技能培训等方式，提高农业科技人才队伍的整体素质和能力。三是加强农村电商人才队伍建设。通过引进电商运营和推广人才、建立电商创业孵化中心、加强农民电商技能培训等方式，提高农村电商人才队伍的整体素质和能力。

同时，还需制订可行的实施方案：首先，制订选拔培养优秀年轻干部的实施方案。明确选拔条件、程序和要求，建立干部培养档案，采取多种形式进行培养锻炼。其次，制订引进现代农业科技和管理人才的实施方案。通过优化政策环境、提供优惠待遇等方式吸引高层次人才来攀西民族地区从事农业科技研究和推广工作。再次，制订加强农民技能培训的实施方案。针对不同类型农民的需求和特点开展分类培训，注重实践操作技能的培训，提高农民的职业技能水平。最后，制订引进电商运营和推广人才的实施方案。通过政策扶持、搭建平台等方式吸引电商人才来攀西民族地区创业发展，同时加强本土电商人才培养，建立电商创业孵化中心。上述措施的实施旨在全面提升乡村干部人才队伍的数量和质量，为乡村振兴提供强有力的领导力和执行力保障；全面提升农业科技人才队伍的数量和质量，为现代农业发展提供技术支撑和智力保障；全面提升农村电商人才队伍的数量和质量，为农产品销售拓展更多渠道和资源。

全面提升乡村人才队伍整体素质和能力，攀西民族地区的凉山州和攀枝花市具有各自独特的优势和特色，两地政府均在四川省委、省政府的指导下，确定了自己的乡村振兴战略，制定了科学可行的规划。凉山州委、州政府主抓"产业兴州"战略，念好"特、优、绿、丰、稀、错"六字经，以国、省、州、县四级园区创建为载体，加快推进"大凉山"粮、畜、烟、果、薯、蔬、林、桑、药、花10大特色优势农业产业全产业链融合发展，加快建设攀西特色高效农业优势区，推动形成工农互促、城乡互补、协同发展、共同繁荣的新型工农城乡关系，加快推进农业农村现代化，为保障粮食安全和特色农产品有效供给做出更大贡献，为早日建成生态美丽、和谐幸福、富裕小康的新家园，实现农民农村共同富裕奠定坚实基础。《攀枝花市"十四五"乡村振兴战略阶段性重点任务研究报告》明确了攀枝花市在"十四五"期间，实施乡村振兴战略应突出推进的几大重点任务：突出特色优势，培育壮大乡村现代产业；提升农业科技水平，推进质量和品牌兴农行动；构建现代农业产业和经营体系；增强产业竞争力；促进新产业新业态融合发展；增强乡村产业聚合力；以工业化思维发展现代农业；实施现代特色农业振兴工程。

两地在乡村振兴中都转入产业主导的主抓方向，根据这一变化，四川攀西民族地区人才振兴的施策可以根据不同类型的人才进行分类。以下是一些主要分类和相应的策略：

（1）高层次人才：可以考虑提供安家补贴、租房补贴或入住人才公寓等生活保障。给予岗位津贴、人才年金等激励措施。提供学术交流交通补贴、科研经费等支持。

（2）青年人才：可以实施青年人才培训提能工程，开阔视野、拓展思维，激发创新创业活力。提供创业孵化基地、创业导师指导、创业资金支持等创业服务。提供就业指导、职业规划、岗位推荐等就业服务。

（3）基层人才：可以实施基层历练工程，选派人员到基层岗位锻炼，提高实际工作能力。提供工资补贴、生活补贴等生活保障。提供职业培训、技能提升等培训服务。

（4）乡村人才：可以提供乡村医生、农技人员等岗位，支持乡村产业发展。实施乡村人才培育工程，加强农村实用技术培训，提高农民技能水平。提供创业扶持、小额贷款等金融支持，鼓励乡村人才创业。

总之，四川攀西民族地区人才振兴的施策应该根据不同类型的人才进行分类，提供有针对性的支持和激励措施，营造良好的人才发展环境，吸引更多优秀人才来到这里，始终围绕产业兴农，突出人才，为地方乡村经济振兴提供有力支撑。

三、"育、引、用、聚"

为了推进乡村振兴战略，促进农村经济发展和社会进步，攀西民族地区政府制定了一系列针对"育、引、用、聚"的乡村人才政策，出台这些政策的背景、目标和具体措施，以及主要成效、问题、建议如下：

（一）政策背景

近年来，攀西民族地区政府高度重视乡村人才工作，针对本地乡村人才短缺的现状，制定了一系列针对"育、引、用、聚"的乡村人才政策。这些政策旨在通过培养、引进、使用和聚集人才，推动农村地区的可持续发展。

（二）政策目标

攀西民族地区乡村人才政策的总体目标是通过"育、引、用、聚"四个方面的工作，培养和引进一批高素质的乡村人才，提高农村地区的综合竞争力。具体目标包括：

（1）培养本地人才：建立健全乡村人才培养体系，加强对农村基层干部、农民和专业技术人员的培训，提高他们的综合素质和专业技能水平。

（2）引进外部人才：制定优惠政策，吸引高层次人才到攀西民族地区从事农业科技研发、乡村旅游开发、文化创意等工作，推动农村产业升级和转型升级。

（3）发挥人才作用：为乡村人才提供良好的工作生活条件，鼓励他们扎根农村地区，发挥自己的才能和专业技能，促进农村经济发展和社会进步。

（4）聚集人才：通过优化人才发展环境和提供良好的工作生活条件，吸引更多的人才到攀西民族地区发展，推动农村地区的稳定发展。

（三）政策措施

1. 培育人才

攀西民族地区政府通过与高校、科研机构等合作，建立了乡村人才培养体系。针对不同层次和类型的人才，制订了个性化的培训计划和课程，包括农业科技、乡村旅游、文化创意等方面。此外，政府还鼓励农民参加职业技能培训和学历教育，提高他们的综合素质和专业技能水平。

2. 引进人才

攀西民族地区政府制定了一系列优惠政策，吸引高层次人才到该地区从事农业科技研发、乡村旅游开发、文化创意等工作。这些政策包括优惠的住房政策、创业资金扶持、税收减免等。此外，政府还通过组织招聘会、设立人才库等方式，吸引更多的人才到攀西民族地区发展。

3. 使用人才

攀西民族地区政府重视发挥乡村人才的作用，鼓励他们在农村地区扎根。政府为乡村人才提供良好的工作生活条件，包括住房、医疗、子女教育等。此外，政府还鼓励企业和社会组织参与农村发展，为乡村人才提供更多的就业机会和创业平台。

4. 聚集人才

攀西民族地区政府通过优化人才发展环境和提供良好的工作生活条件，吸引更多的人才到该地区发展。政府加强了农村基础设施建设和生活配套服务，为乡村人才提供舒适的工作生活环境。同时，建立健全人才服务体系，提供政策咨询、项目对接、融资支持等服务，为乡村人才提供更好的发展平台。

（四）实施效果与问题

通过实施"育、引、用、聚"的乡村人才政策，攀西民族地区的乡村振兴取得了显著的成效。本地人才的素质和技能水平得到了提高，外部人才的引进也带来了新的活力和创新。同时，政府为乡村人才提供了更好的工作生活条件和创新创业的机遇，促进了农村地区的经济和社会发展。然而，其中也存在一些问题。一些政策措施缺乏针对性和可操作性，需要进一步完善；一些高层次人才的引进需要更多的资金和资源支持；一些农民的参与度和积极性不高，需要加强宣传和推广。

（五）建议与展望

为了进一步推动攀西民族地区的乡村振兴，笔者主要有两方面的建议：一是加大政策宣传力度。政府应加大对政策的宣传力度，提高农民对政策的认知度和参与度。这可以通过宣传册、宣传片、讲座等形式实现。二是完善培训内容和方式。针对不同层次和类型的人才需求，培训内容和方式应进一步完善。政府可以引入更多实际案例和操作经验，使培训内容更具针对性和实用性。同时可以采取线上线下相结合的培训方式来方便农民参与培训活动。同时我们建议政府未来可以加大农业科技方面的投入力度来提高农民的技术水平；除此之外还可以开展文化活动来丰富农民的精神文化生活，以此来提高他们的文化素养和生活品质；另外还可以通过引导社会力量参与乡村振兴的方式来增强社会力量对乡村振兴的支持力度，从而推动攀西民族地区乡村振兴发展得更好、更快、更强。

第七章 四川攀西民族地区 创新人才振兴集聚机制

习近平总书记指出："乡村振兴，关键在人、关键在干。"人才振兴是乡村振兴的基础。2021 年中共中央办公厅、国务院办公厅印发了《关于加快推进乡村人才振兴的意见》，指出乡村人才振兴要"坚持和加强党对乡村人才工作的全面领导，坚持农业农村优先发展，坚持把乡村人力资本开发放在首要位置，大力培养本土人才，引导城市人才下乡，推动专业人才服务乡村，吸引各类人才在乡村振兴中建功立业，健全乡村人才工作体制机制，强化人才振兴保障措施，培养造就一支懂农业、爱农村、爱农民的'三农'工作队伍，为全面推进乡村振兴、加快农业农村现代化提供有力人才支撑。"同时，还明确了提出"坚持加强党对乡村人才工作的全面领导"等乡村人才振兴的五项原则。一是加强党对乡村人才工作的全面领导。贯彻党管人才原则，将乡村人才振兴纳入党委人才工作总体部署。二是全面培养、分类施策。全方位培养各类人才，扩大总量、提高质量、优化结构，针对不同地区、不同类型人才，实施差别化政策措施。三是多元主体、分工配合。推动政府、培训机构、企业等发挥各自优势，共同参与乡村人才培养。四是广招英才、高效用才。拓宽乡村人才来源，为人才干事创业和实现价值提供机会条件，最大限度激发人才内在活力。五是完善机制、强化保障。完善人才服务乡村激励机制，让农村的机会吸引人，让农村的环境留住人。

一、创新乡村振兴人才培育机制

"全面建设社会主义现代化国家，最艰巨最繁重的任务仍然在农村。""最广泛最深厚的基础在农村，最大的潜力和后劲也在农村。"乡村蕴含着持续稳步发展的强大力量。认真落实乡村振兴战略重大决策部署，重点在理念，关键在人才。不仅要引来人才、留住人才、用好人才，更要探索创新，精细化做好人才培养工作，加快对新型职业农民、乡村干部、技术人才等的教育培训，为乡村振兴提供坚强有力的内在支撑。还应加大对广大乡村劳动力的专业化培训力度，通过专题培训班、经验交流会、专家授课等方式，补齐技术短板。

（一）乡村振兴人才培育对象

由于乡村人才类型多样、对象众多、基础能力与素质水平参差不齐，乡村人才培育应分类推进、因才施策，着力构建"政府主导+高校院所+社会力量"协同化的培育模式，致力于培养"新三农"人才。立足乡村，突出本土，需要培育的人才主要有以下几类：

1. 实践经验丰富的传统农民

实践经验丰富的传统农民，长期扎根乡村，对乡村最熟悉，对乡村有着深厚的情怀，对乡村建设也有着朴素的愿望和理想，乡村振兴要进一步充分激发这一群体投身乡村振兴的激情与热情，不断提高其综合素质与能力。依托农民学校等平台，邀请"三农"领域的专家学者和"土专家""田秀才"到田间地头开展技术指导，努力提高他们的科学意识、生产劳动技能，使之成为实践操作经验丰富又具有现代意识的农村实用人才。

2. 有一技之长的农民

有一技之长的农民包括各类能工巧匠、传统技艺传承人等，与相关高校、企业对接，对他们加以系统培训，使其掌握一定的互联网技术，充分利用互联网平台发展小微企业，充分发挥他们的一技之长，大力开展创新创业工作，服务乡村振兴。

3. 坚守家乡的青壮年农民

目前，能够坚守家乡的青壮年农民越来越少，对于这部分人，我们要高度重视，要结合国家对于新型职业农民培养力度的加大，着力加大对坚守农村的青壮年职业农民的涉农知识和经营能力的培训力度，推进职业教育与职业培训在乡村地区的有机结合，用职业教育夯实乡村干事创业的人才地基，使他们成为乡村振兴的骨干力量。

4. 在外务工返乡的农民

在外务工返乡的农民，视野较为开阔，理念比较新颖，更易接受新事物，是乡村振兴最富潜力的队伍之一。要以农民专业合作社、专业协会、龙头企业等为培训主体，大力开展新型职业农民培育工作，开展生产技术、营销管理等内容的系统化培训，落实"农民素质提升工程"和"农业领军人才"工程，为其返乡创业成为新型职业农民奠定基础。

5. 土生土长的大学毕业生

生于农村、长于农村又因热爱家乡而返乡的职业院校或普通高校毕业生，是乡村振兴的新生力量。要加大对返乡创业就业职教学生的政策和财政支持帮扶力度，积极引导其在乡村创业就业。一方面，应组建乡村专业技术培训班，以农业、畜牧业、文化传承、乡村旅游等为主题定期开展培训；另一方面，要建立与高校、农科院所、涉农企业的紧密联系，打开大学生创业的天地和通道。

（二）乡村振兴人才培育机制

1. 建立乡村振兴人才分层分类培养体系

根据人才层次和分类的不同，综合利用教育培训资源，依托农业大学、职业院校、科研院所、现代远程教育系统、农业技术推广机构以及各类农民教育培训项目，建立学历教育、技能培训、实践锻炼等多种方式相结合，"层次分明、结构合理、布局科学、规模适度、开放有序"的乡村振兴人才教育体系[①]。

2. 完善乡村振兴人才培育的财政投入机制

建立健全政府主导的乡村振兴人才培养多元投入体制机制。设立乡村振兴人才培养专项资金，纳入年度预算，主要用于乡村振兴人才培养的工资投入和教育培训；设立乡村振兴人才培养基地，设置新型职业农民培养

---

① 刘爱玲、薛二勇：《乡村振兴视域下涉农人才培养的体制机制分析》，《教育理论与实践》2018年第33期，第3-5页。

专项经费，列入财政预算，用于农业实用人才培养和专业技能培训，实施乡村振兴人才培养工程等。

3. 搭建乡村振兴人才培育的深度融合平台

加强乡校、乡企深度合作，建立政府、行业、企业、院校和农户的深度融合平台。以融合平台为依托建立专业实习实训基地，减免涉农专业学生学杂费用，设立专项奖学金；探索乡村振兴优秀人才定向委培方式，先给高校每年划拨一定名额，定向招收村、乡具有长期涉农工作经验或一定潜力的农业生产型、经营型和服务型人才，签订培养协议，培养后返乡工作。

（三）乡村振兴人才培育措施

1. 多管齐下，加强对乡村振兴优秀人才的再培养

首先，利用国家和地方相关培训项目，有针对性地对农村基层干部、致富带头人、能工巧匠、种植养殖大户、有经验的农民以及农民企业家等进行继续教育和分类分层次培训指导。其次，利用企业等社会资源，通过"请进来、走出去"等形式，通过一系列接地气的培养模式，提升乡村骨干人才的实践能力。最后，充分利用乡村资源，积极发展家庭农场、乡村合作社、专业技术协会，支持创办乡村企业，促进乡村骨干人才将所学付诸实际，创造效益，带动乡村振兴。

2. 精准对接，加强对乡村振兴农业人才的订单培养

充分利用乡村振兴人才培育深度融合平台，分别从高校和农村两头发力，共同为乡村振兴人才培养贡献力量。一是农业类高校或一般高校的农学相关专业，根据农村实际需求，加强在校生的农村社会实践锻炼，学生带着对农村、农民的感情，带着丰富的专业知识，走出校门走进农田，成为广袤乡村的新型农民。二是由地方政府主导，选派乡村振兴优秀人才定向委培方式与高校开展深度合作；高校则帮助农民掌握科学技术，提高文化素质、产业素质，培养新时代职业农民。同时，也可聘请专家与农民形成一对一精准帮扶模式，给予其专业指导和培训，为乡村振兴培养一批致富带头人。

3. 深化援助协作，加大技术指导力度

不断深化人才援助协作，科学配置各类人才资源。与周边或前沿市州

签订区域干部人才协同发展协议，加大专业技术下乡的力度，完善专业农技人员驻村指导帮扶制度。农村最大的产业是农业。新型职业农民的成长离不开农业专家的指导。只有专家脚下有泥，村民的心中才有底。机制化、常态化的定点定期技术帮扶将极大地推进现代化农业发展。例如，一些地方采取科技特派员制度，以"不求所有、但求所用""不求常在、但求常来"的原则开展技术指导。

4. 巩固成果，扎实开展乡村实用人才等级认定工作

完善当地农村实用人才等级认定办法，改革农村专业人才评价制度，拓宽专业人才评价范围，重点评价人才在带头致富、农技推广、乡村振兴的示范作用和业绩贡献。对长期在基层一线工作、实绩突出、群众认可的专业人才，可将其工作经历和业绩贡献作为等级晋升、评优评先的重要依据。例如，完善基层专业技术人才职称评审政策，对选派到基层挂职服务的专业技术人员，在基层服务的经历、贡献和业绩可作为职称评审的主要考核指标。在乡镇专业技术岗位工作的专业技术人才（医疗卫生专业除外），申报评审专业技术职称资格，可不受所学专业限制，评审时侧重考察实际工作业绩。非乡镇单位的专业技术人才聘用到乡镇单位专业技术岗位工作，可不受任职年限和职务级别的限制。对具有副高级以上专业技术职称资格到乡镇事业单位工作的，可聘用到正高级基层专业技术岗位。

二、创新乡村振兴人才引进机制

习近平总书记强调"乡村振兴，人才是关键。"乡村振兴人才引进机制的重要性不可忽视。在乡村振兴过程中，引进合适的人才是推动乡村经济社会发展的关键因素之一。一个健全的人才引进机制可以帮助乡村发现、吸引、留住优秀的人才资源，为乡村振兴注入新鲜力量。

首先，乡村地区资源相对匮乏，引进具备特定专业知识、技能和经验的人才，可以弥补当地人才之不足，提升乡村发展的效率和质量。其次，引进合适的人才可以为乡村注入新的思维和创新力量。乡村振兴需要解决种种问题和面临许多挑战，而引进具备创新精神的人才可以带来新的理念、策略和方法，推动乡村经济结构的转型升级。再者，通过引进有潜力

和发展空间的人才，可以为乡村培养起更多的专业人才和管理人员，为乡村长远发展储备人才资源。

然而，当前乡村振兴人才引进机制存在一些问题，如基础设施和公共服务方面、人才需求匹配度方面、长期发展保障方面，管理体制和流程方面等的不足。这些问题制约了引进人才的合理性、适应性和发展性，相关部门需要针对性创新人才引进机制。

（一）乡村振兴人才引进的制约因素

1. 基础设施和公共服务方面

乡村基础设施和公共服务相对滞后是重要的制约因素之一。这主要表现在以下几个方面：一是基础设施不完善。乡村地区的道路、供水、电力、网络等基础设施建设相对滞后，导致生活和工作条件相对较差。缺乏高质量的基础设施会影响乡村的发展潜力，也影响到吸引人才的能力。二是公共服务水平不高。乡村地区的医疗、教育、文化等公共服务设施相对较少且质量有待提高。乡村居民在就医、教育和文化娱乐等方面的不便捷，也限制了人才在乡村地区的定居意愿和发展空间。三是缺乏优质教育资源。乡村地区的学校和教育资源有限，师资力量相对不足，教育质量相对不高。缺乏优质教育资源会影响乡村青少年的教育水平和未来发展，也制约了人才的引进和定居。四是缺乏文化娱乐设施。乡村地区的文化娱乐设施相对较少，缺乏各类文化活动和娱乐场所。这不仅限制了居民的精神文化需求的满足，也影响到人才在乡村的生活质量和创造力发挥。

2. 人才需求匹配度方面

一是缺乏准确的需求分析和预测。乡村发展的需求是多元的，需要不同领域和专业的人才支持。然而，现有的人才引进机制在需求分析和预测方面存在不足。可能是由于信息不对称或数据不完善，政府和乡村机构对人才需求的了解不够全面、精准。因此，在人才引进过程中选择的人才可能无法与乡村的具体发展需求相匹配，无法真正发挥应有的作用。二是机制中缺乏灵活性和及时性。乡村振兴的需求在不同阶段可能会发生变化，特别是随着乡村经济的发展和技术进步，某些领域的人才需求可能会有所调整，现有的人才引进机制对人才需求变化响应速度和灵活性不够。三是人才引进机制对于岗位要求的细化程度和个体化程度有待提高。乡村的发展需求对人才的专业背景、技能要求、经验层次等有不同的要求,但现有的引进机制往往只有较为粗略的一般化描述,缺乏具体性和个体化。这可能导致招募和选拔过程中的信息不对称和误判,或者引进的人才无法充分发挥其专业优势和潜力。

3. 长期发展保障方面

人才引进机制在长期发展保障方面存在不足。乡村振兴是一个长期而复杂的过程,但缺乏人才引进机制导致对引进人才缺乏长期发展的保障措施。人才缺乏稳定的职业发展路径和晋升机制,就缺乏相应的激励机制,难以留住优秀人才。当前农村地区尚未健全人才考核评价机制,存在分类评价不足、评价标准单一等问题。如人才分类评价体系、人才晋升考核机制尚不完善,户籍、学历、年龄、人事关系等条件常常又与晋升挂钩,有时会出现人才的年龄符合条件但学历受限、学历符合条件但年龄又过大等现象,从而造成真正有能力的人才难以获得晋升①。

(二)完善乡村振兴人才引进机制

乡村振兴人才引进机制,主要从人才引进类型、途径、政策三个方面来分析(图7-1),具体如下:

1. 乡村振兴人才引进类型

在乡村振兴过程中,可引进不同类型的人才来满足不同领域和层面的需求。根据笔者前期对乡村振兴人才需求的调查,引进乡村振兴人才的类型大体可以分为以下几类。

第一,农业技术专家和顾问。乡村振兴需要农业技术人才,包括农业科学家、农业工程师、农艺师等,这些人才在农业科学、环境保护、资源利用等领域有着丰富的专业知识和经验,他们能够运用现代农业技术和创新理念,提高农业生产效益,推动农业产业升级。

第二,产业和项目管理人才。这些人才通常具备项目管理、市场营销、商业运营等领域的专业知识和经验。引进产业和项目管理人才可以帮助乡村规划和管理产业发展项目,促进产业结构优化和升级。

---

① 王武林、包滢晖:《乡村振兴的人才供给机制研究》,《贵州民族研究》,2021年第4期,第61-68页。

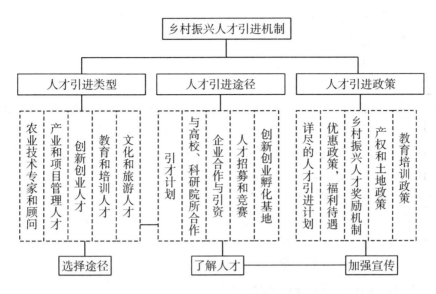

图 7-1　创新乡村振兴人才引进机制

第三，创新创业人才。这些人才通常具备创业精神、商业策划、市场营销等领域的专业知识和经验。引进创新创业人才可以推动乡村创新发展，带来新的商业模式、产品和服务。农村大部分青壮年都是城里的"打工一族"。乡村振兴，一定要吸引这一部分青壮年回乡干事创业。一方面，他们在城市开了眼界，有了想法，回家乡能够找准致富门路，带领乡亲致富；另一方面他们对家乡有感情、有惦念①。

第四，教育和培训人才。这类人才以高校大学生为主，他们具备教育学、职业培训、人力资源管理等领域的专业知识和经验。引进教育和培训人才可以提高乡村的教育水平和人才培养能力，推动乡村的人力资源发展。

第五，文化和旅游人才。这些人才通常具备文化管理、旅游规划、市场推广等领域的专业知识和经验。引进文化和旅游人才可以推动乡村的文化创意产业和旅游业发展，挖掘乡村的文化资源和旅游潜力。

引进人才类型可以根据具体的乡村振兴发展需求进行综合性的安排。人才振兴应更加注重人才引进与乡村实际发展的匹配度，通过引进适合的

---

① 赵晓露、张小楠：《建设美丽乡村要打好"人才牌"》，《人民论坛》2018 年第 7 期，第 64-65 页。

人才，乡村可以获得来自不同领域的专业知识、经验和创新力量，推动乡村振兴事业的全面发展。

2. 乡村振兴人才引进途径

第一，政策吸引。地方政府可以制订人才引进计划，积极开展人才招聘和引进工作，并设立一系列扶持和支持措施，提供各种待遇和福利，如增加农村人员编制，通过公开招考、人才引进等方式，引进青年大学生，为农村地区高质量发展注入活力；不断完善支持农民工返乡就业创业的相关政策，创造良好的就业创业环境；积极组建乡贤会，吸引乡村贤达人士回流等，多种方式吸引高层次人才、技术专家、企业家等到乡村投资兴业。此外，可研究放宽城市人口在乡村居住的相关配套政策，吸引有乡土情结的城镇退休工作人员回乡定居养老，他们可以带着各种社会资源和专业技术，为乡村振兴献计献策、发挥余热，既提升乡村人气，又为枯燥单调的乡村生活注入现代生活气息。

第二，与高校、科研院所合作。乡村可以与高校和科研院所建立合作关系，共享人才资源。可以开展科研合作项目，邀请知名学者、专家或技术团队到乡村进行科技创新和技术转移。同时，还可以与高校开展人才培养合作，培养适应乡村振兴需要的专业人才。

第三，企业合作与引资。乡村可以积极吸引企业投资兴业，并借助企业引进人才。地方政府可以与企业合作，共同设立研发中心、科技园区等，吸引企业带来的人才和技术。企业也可以在乡村建立培训中心，为本地人才提供培训和技能提升。

第四，人才招募和竞赛。乡村可以通过人才招募和竞赛的方式吸引优秀人才。可以组织乡村振兴相关的创业竞赛、技能比赛、创新项目等，吸引有实力和潜力的人才参与。通过竞赛评选和奖励等方式，吸引优秀人才留在乡村并参与乡村振兴工作。

第五，创新创业孵化基地建设。乡村可以建立创新创业孵化基地，为有创业梦想的人才提供场地、资金、技术和管理咨询与支持。这些孵化基地可以提供创新创业的平台，吸引人才到乡村兴业，并推动乡村创新发展。

3. 乡村振兴人才引进的政策

创新的乡村振兴人才引进政策可以吸引和留住优秀的人才，促进乡村振兴事业的发展。以下是一些可能的创新政策措施：

第一，制订详尽的人才引进计划。人才引进计划要明确乡村振兴中需要引进的人才类型和数量。政府可以设立专门的引才机构或部门，负责招聘、选拔和引进人才，建立人才库用于对接乡村需要。除此之外，政府需要加强政策宣传和解读，让人才充分了解和利用相关引进政策。

第二，设立优惠政策。一方面，为引进的人才提供优厚的工资待遇、社会保险、住房补贴、税收减免等福利待遇，为他们提供良好的居住条件。同时，提供完善的生活配套设施，例如医疗、教育、文化娱乐等，提高居住环境的吸引力，高校大学生是乡村振兴主要人才资源之一。政府应积极出台吸引高校大学生来乡发展的优惠政策，为大学生创造条件，创造环境，让他们能把在乡村的工作当事业干，并且要留得住。另一方面，提供创新创业支援。政府可以设立创新创业基金，为有潜力的乡村创业者提供资金支持和风险投资，营造有利于创新创业的环境。

第三，确立乡村振兴人才奖励机制。对在乡村振兴中取得突出贡献的人才进行表彰和奖励，激发人才的积极性和创造力。奖励可以包括荣誉称号、奖金、职称晋升等，以及社会声誉的提升。

第四，完善产权和土地政策。为引进的人才提供土地使用权，并简化土地使用权转让和土地使用手续。这可以为人才提供发展乡村产业、创办企业或开展农业的基础资源，留住其在乡村长期发展。

第五，设立教育培训政策。建立乡村振兴人才培训基地，提供专业培训和学习机会，培养和引进适应乡村振兴需要的专业人才。政府可以与高校、科研院所等合作，开展短期培训、高级进修和实践项目，提高人才的专业素质和实践能力。

以上只是一些创新的乡村振兴人才引进政策的示例。实际政策措施应根据乡村的发展需求和现实情况制定，以达到最好的引才效果和乡村振兴效益。

三、创新乡村人才使用机制

乡村振兴，关键在党，核心在人。只有打破乡村的人才瓶颈问题，乡村振兴战略才能得以有效实施。打好乡村人才的"引、育、用、留"的组合拳，正是为了能让更多专业人才在乡村振兴中发挥自身才能，为此搭建施才展能"大舞台",让人才之花绽放在基层一线。

(一) 宏观指导,做好顶层设计

受到主客观多层因素影响,与城市相比,乡村发展受到更多的限制,各类人才乡村发展还存在"无用武之地"的尴尬局面。因此,在使用人才方面,需要地方政府因地制宜、因时制宜、因人制宜地有计划地制定相关人才使用政策,健全人才使用体制机制,充分发挥人才的作用。比如,可以建立乡村人才库,记录和整理乡村人才的基本信息、专业特长、工作经历等,为乡村地区提供人才储备和资源共享的平台。另外,还可以通过制订人才使用计划等方式来充分利用人才的优势,激活人才在乡村的使用效能。

总之,地方政府应制定乡村人才发展总体规划,明确乡村人才的需求和培养方向,提出具体的政策措施和实施方案,以引导乡村人才队伍的建设和发展。制定乡村人才发展总体规划是地方政府在乡村人才使用中做好顶层设计的重要环节。总体规划应包括以下内容。

第一,人才需求分析。地方政府应深入调查和分析乡村人才的需求情况,包括人才的数量、素质、专业、层次等方面的需求,为后续的人才培养和发展提供基础数据。

第二,人才培养方向。根据人才需求分析的结果,地方政府应明确乡村人才的培养方向,包括产业发展、乡村治理、公共服务、科技创新等方面的人才培养重点,为后续的人才培养和发展提供方向指引。

第三,人才培养目标。地方政府应明确乡村人才的培养目标,包括总体目标和具体目标,总体目标应着眼于提高乡村人才队伍的整体素质和水平,具体目标应着眼于落实到具体的人才培养项目和计划上。

第四,政策措施。地方政府应根据乡村人才的培养目标和实际情况,制定具体的政策措施,包括资金扶持、项目支持、职称评定等方面的政策,为乡村人才的培养和发展提供政策保障。

第五,实施方案。地方政府应根据乡村人才的培养目标和政策措施,制订具体的实施方案,包括实施的时间表、资金来源、责任主体等方面的内容,为乡村人才的培养和发展提供具体的实施方案。制定乡村人才发展总体规划需要综合考虑各种因素,包括人才需求、培养方向、培养目标、政策措施、实施方案等。地方政府应深入调查和分析,科学制定规划,为乡村人才队伍的建设和发展提供有力的指导和保障。只有做好人才发展规划才能让乡村真正需要的人才走进乡村，服务乡村，发展乡村。

总之，地方政府应坚持广招英才、高效用才。坚持培养与引进相结合、引才与引智相结合，拓宽乡村人才来源，聚天下英才而用之。做好顶层谋划，用好用活人才，为人才干事创业和实现价值提供机会条件，最大限度激发人才的内在活力。

（二）多措并举，用好各类人才

乡村发展需要多元化各类人才，打造一支懂农业、爱农村、会管理、理念新的人才队伍，真正为乡村振兴提供坚实可靠的人才支撑。地方政府可以依据中共中央办公厅、国务院办公厅印发的《关于加快推进乡村人才振兴的意见》并结合地方实际需求，利用乡村治理人才、农业科技人才、教育人才、文化人才、旅游人才、电商人才和创新创业等各类人才推动经济和社会发展。

1. 乡村治理人才的使用

乡村治理人才在乡村振兴中扮演着重要的角色，他们可以通过以下方法来推动乡村治理体系和治理能力现代化，提高乡村治理水平。

（1）制定科学的乡村治理规划：乡村治理人才应该根据当地实际情况，制定科学的乡村治理规划，明确治理目标、任务和措施，为乡村治理提供指导和参考。

（2）强化基层组织建设：乡村治理人才应该加强基层组织建设，提高基层组织的组织力、服务能力和治理水平，推动基层民主和群众自治。

（3）建立乡村治理信息系统：乡村治理人才应该建立乡村治理信息系统，利用信息技术手段，收集、整理和分析乡村治理数据，为决策提供数据支持和参考。

（4）加强乡村治理监管：乡村治理人才应该加强对乡村治理的监管，建立责任机制和问责制度，确保各项治理措施得到有效落实。

（5）培养乡村治理人才队伍：乡村治理人才应该注重人才培养和提高，加强对基层干部和村民的教育培训，提高他们的治理能力和素质。

乡村治理人才应该注重发挥自己的专业素质和管理能力，积极探索和创新治理模式和方法，以推动乡村治理体系和治理能力现代化，提高乡村治理水平。

2. 乡村农业科技人才的使用

乡村农业科技人才在乡村振兴中扮演着重要的角色，他们可以通过以下方法来推动农业技术创新和产业升级，提高农业生产效率和品质。

（1）开展农业科技研究：乡村农业科技人才应该加强农业科技研究，引进和应用先进的农业技术，推动农业技术创新和产业升级。

（2）推广农业科技成果：乡村农业科技人才应该积极推广农业科技成果，加强对农民的技术指导和培训，提高农民的科技应用能力和水平。

（3）建立农业科技示范基地：乡村农业科技人才应该建立农业科技示范基地，展示和应用先进的农业技术，引导农民应用新技术、新品种和新模式。

（4）加强农业科技合作：乡村农业科技人才应该加强与科研机构、高校等单位的合作，引进和应用先进的农业科技，推动农业技术创新和产业升级。

（5）培养农业科技人才队伍：乡村农业科技人才应该注重人才培养和提高，加强对基层干部和农民的技术指导和培训，提高他们的科技应用能力和素质。

乡村农业科技人才应该注重发挥自己的专业和技术特长，积极探索和创新科技应用模式和方法，以推动农业技术创新和产业升级，提高农业生产效率和品质。

3. 乡村教育人才的使用

乡村教育人才在乡村振兴中扮演着重要的角色，他们可以通过以下方法来推动乡村教育事业发展，提高乡村教育质量和水平。

（1）加强乡村教育基础设施建设：乡村教育人才应该加强乡村教育基础设施建设，包括学校、教学设施和师资队伍等，为孩子们提供更好的学习条件和环境。

（2）加强乡村教育师资队伍建设：乡村教育人才应该注重培养和提高乡村教育师资队伍的素质和能力，加强对教师的培训和教育，提高教师的教育教学能力和水平。

（3）加强乡村教育课程改革：乡村教育人才应该加强乡村教育课程改革，根据当地实际情况和孩子们的需求，制订科学合理的课程方案，提高孩子们的学习兴趣和能力。

（4）加强乡村教育信息化建设：乡村教育人才应该加强乡村教育信息

化建设，利用信息技术手段，为孩子们提供更加优质的教育资源和服务。

（5）加强乡村教育合作与交流：乡村教育人才应该加强与城市和周边地区的合作与交流，引进先进的教育理念和教育模式，推动乡村教育事业的发展和提高。

乡村教育人才应该注重发挥自己的专业和教育特长，积极探索和创新教育模式和方法，以推动乡村教育事业的发展和提高。

4. 乡村文化人才的使用

乡村文化人才是指那些在乡村地区从事文化工作的人员，包括文化工作者、文化活动家、文化艺术家等。他们对于乡村文化的传承发展及乡村振兴起着至关重要的作用。

（1）传承乡村文化：乡村文化人才可以通过他们的文化影响力和社会责任感，引领乡村的文化发展，促进乡村的和谐与稳定。可以结合本地实际，带动地方文化传承人、非物质文化遗产等传统文化人才加入乡村文化传承的队伍中来。

（2）推动乡村文化产业发展：乡村文化人才可以借助自己的专业知识和特长，挖掘传统文化资源，因地制宜发展具有地方特色的文化产业，推动乡村文化产业的发展，提升乡村的经济水平。

（3）改善农村人居环境：乡村文化人才可以通过他们的文化知识和技能，改善农村人居环境，提升农村的生活质量。乡村文化人才具有优秀的美学素养和审美能力，能够利用专业知识赋能乡村"审美"，使得乡村富而美。

（4）提升农民的文化素养：乡村文化人才可以通过他们的文化知识和技能，提升农民的文化素养，增强农民的自我发展能力。

总之，乡村文化人才在乡村建设中可以发挥重要的作用，不仅可以通过他们的专业知识和技能促进当地的经济和文化发展，还可以为乡村的和谐稳定和可持续发展做出贡献。

5. 乡村旅游人才的使用

乡村旅游人才在乡村振兴中扮演着重要的角色，他们可以通过以下方法来推动乡村旅游产业升级，提高乡村旅游品质和知名度。

（1）加强乡村旅游资源开发：乡村旅游人才应该加强对当地旅游资源的开发，包括自然景观、人文历史、民俗文化等，打造特色旅游产品和品牌。

（2）加强乡村旅游市场营销：乡村旅游人才应该加强乡村旅游市场营销，利用各种媒体和渠道，宣传推广乡村旅游产品，吸引更多的游客前来旅游。

（3）加强乡村旅游服务体系建设：乡村旅游人才应该加强乡村旅游服务体系建设，包括旅游接待、餐饮、住宿、交通等，为游客提供优质的服务和体验。

（4）加强乡村旅游人才培养：乡村旅游人才应该注重培养和提高乡村旅游从业者的素质和能力，加强对他们的培训和教育，增强他们的服务意识和提升他们的服务能力。

（5）加强乡村旅游合作与交流：乡村旅游人才应该加强与城市和周边地区的合作与交流，引进先进的管理理念和营销模式，推动乡村旅游产业的发展和提高。

乡村旅游人才应该注重发挥自己的专业能力和服务特长，积极探索和创新旅游模式和方法，以推动乡村旅游产业升级，提高乡村旅游品质和知名度。

此外，乡村创新创业人才是指在乡村地区从事创新创业活动的人才，他们包括但不限于农业科技人才、乡村旅游人才、农村电商人才等。这些人才在推动乡村经济发展、提高农民收入、促进乡村文化传承等方面也发挥着重要作用。要使用好乡村创新创业人才，需要建立创新创业平台、加强培训和指导、推广乡村文化、引进先进技术、加强农村基础设施建设等多方面的支持和服务。这些措施的实施，可以充分发挥乡村创新创业人才的作用，促进乡村经济的发展和社会的进步。

总之，不同类型的人才可以在不同的领域为乡村发展作出贡献，乡村可以利用他们的知识和技能，推动经济和社会发展。

（三）点面结合，完善评价机制

乡村人才使用评价机制是指乡村地区对各类人才进行评估、评价、激励、选拔等方面的政策和措施。建立科学合理的乡村人才使用评价机制，对于发挥人才作用、激发人才积极性、促进乡村经济发展和社会进步具有重要意义。健全的人才评价机制对于打通乡村人才的上升渠道具有重要作用。它可以为乡村人才提供公正、客观、科学的评价，更好地发现和选拔潜力人才，促进他们的个人成长和职业发展。以下是关于健全乡村人才评价机制的一些思考和建议。

首先，建立全面的评价指标体系。这个指标体系应该能够综合考量乡村人才的专业知识、技术能力、创新能力、责任意识、团队合作等多个方面。同时，除了专业能力，评价机制还应该注重对乡村人才的道德品质、人文素养、社会责任感等综合素质的评价。乡村振兴需要有担当和使命感的人才，他们应该具备良好的道德品质和价值观，注重乡村社区的发展和民生福祉。因此，评价时需要结合乡村振兴的实际需求和发展目标，制定具体的评价要素和权重，确保评价指标的全面性和科学性。

其次，实行多层次评价机制。乡村人才评价应该具有多层次的分类和评价标准，以适应不同层次和领域的人才需求。可以分为基层工作人员、中层管理人员和高级专业人才等不同层级，结合其从事工作的特点和所需能力，制定相应的评价标准和要求。

再次，建立动态的评价机制。乡村人才评价应该是一个动态过程，不仅仅是单次评价，而是要建立起长期的跟踪、评估和反馈机制。评价负责人可以定期进行评价和面谈，与乡村人才沟通和交流，了解他们的工作表现和职业发展需求，为他们提供个性化的指导和支持。

最后，加强评价结果的应用。评价结果应该得到有效的应用和落实。政府可以将评价结果与晋升、奖励、培训等机制相结合，为乡村人才提供更多的机会和福利，激励他们在乡村工作和发展。同时也要将评价结果与人才流动、选拔任用和职业发展机会相结合，推动人才的优化配置和合理流动。

总之，健全的人才评价机制对于打通乡村人才的上升渠道至关重要。它可以促进乡村人才的成长和发展，提高乡村振兴的实施效果和推进力度。

（四）因地制宜，强化用人保障

一是建立全市乡村人才招聘工作站。整合各部门乡村人才的工作职能，创建招聘、咨询、测评及人才资源信息大数据平台，实行统一管理，为引才聚才、培养使用、评价激励和人才服务等方面形成合力。让大学生、退役军人和返乡农民工成为农村新技术、新模式的承担者和使用者，直接催生出新的市场主体。二是实施"雁归工程"。在落实国务院支持返乡下乡创新创业政策的基础上，在结合实际打好"乡情""乡愁"牌的同时，再出台新扶持政策；在增加创业引导基金和担保贷款、强化创业就业培训、引导社会力量参与土地使用权流转和用地、用电支持等方面都有很大的政策提升空间。三是完善创业失败宽容保障机制。支持想干事、敢干事、干实事的创新创业人员，为初创失败个体提供基本生活保障，才能让回乡返乡的创业者愿意创业、敢于创业。四是研究乡村人才使用破格政策。做出过突出贡献的年轻回乡返乡创业人员，可作为乡村后备干部培养；深入推进大学生村干部工作，探索建立大学生担任村干部满三年后，经过考核合格直接转为事业编制的激励机制，给他们提供发展空间，吸引更多大学生到村上任职。

四、创新乡村人才留用机制

在乡村人才"引育用留"全过程体系中，乡村人才留用对于乡村发展具有重要意义，乡村人才留用可以促进乡村地区的可持续发展。留住人才可以带来更多的投资和资源，建立起更加专业化和科学化的工作队伍，推动乡村地区的治理和管理水平提升，推动乡村地区的经济和社会发展，同时也可以提高乡村地区的知名度和美誉度。因此，如何把人才"留下来"，如何"留得住"人才，对于乡村振兴和农村现代化建设具有重要战略意义。

面对当前乡村人才资源匮乏、引进人才困难等实际情况，各地方要牢固树立"留住是最好的引进"观念，持续通过健全"留才"机制、拓展发展空间、提高待遇保障、优化服务环境等方式，解决好乡村"留才"政策不全、平台欠缺、保障不优等诸多现实问题，让人才在乡村有归属、享"甜头"，一心一意为乡村振兴事业添砖加瓦、贡献才智。

（一）改善人才留用环境

坚持人才需求和事业留人的利益导向，创造一个人才发展的良好政治生态和人文环境，使真正做出贡献、成绩突出的乡村人才有更"活"的上升空间，使乡村成为历练和提升人才的大舞台，使乡村"三农"工作成为一种更加优越的、人人向往的职业，用人尽其才来成就人才、吸引人才、留住人才，起到"影响一群、带动一片、造福一乡"的人才集聚效应。

搭建发展平台，构筑乡村人才干事创业的基地。推行"人才+基地+合作社+农户+项目"等模式，鼓励支持优秀乡土人才创办家庭农场、农业综合体等农村新型经营主体和平台，辐射带动农户发展致富。加大对乡村人才创新创业扶持力度，对经济效益高、带动作用突出的产业项目，在土地使用、金融贷款、税收减免等方面予以重点倾斜，有效解决乡土人才资金短缺等问题，重点支持乡土人才发展特色农业、乡村旅游、电商平台等新业态。

开展联建共建，鼓励社会各界投身乡村建设。实施"双招双引"等乡村人才工程。支持鼓励"乡贤"、退役军人等回乡创办领办农业生产经营组织、涉农社会化服务组织和企业等。选派党政机关、企事业单位干部挂职"第一书记"、招录大学生村干部任职等。

优化保障措施，增强乡村"留才"的"磁吸力"。留住人才既要靠"硬举措"，也要靠"软实力"。一方面要加强硬件基础设施建设，不断完善人才在居住、医疗、社保、税务、职称申报等方面的服务保障，持续打造交通便捷、空气清洁、治安良好、医疗优质、教育高质、营商一流的生活环境，使人才工作安心、生活舒心。另一方面要加强对人才的关心关怀，完善党委班子联系优秀人才制度，实行人才服务专员制度，推行人才服务"好差评"制度，进一步健全人才环境评价机制，不断完善乡村一线人才服务流程，全面推动人才服务提质增效。大力宣传人才政策和先进典型，营造尚贤重才的良好氛围，让各类人才工作有干头、事业有奔头、待遇有想头、生活有靠头。

（二）重视人才"留心"工作

善借乡愁，打好"留才"感情牌。乡愁是在外游子内心深处难以放下的情结，许多乡土人才因没有发挥其才智的平台而无奈选择背井离乡。当前，随着乡村振兴战略的深入实施，一大批乡村用才平台建立起来，乡村振兴的"大舞台"呼唤着各类人才的到来。干乡村人才工作要发挥"亲情、乡情、友情"的情感纽带作用和"血缘、地缘、业缘"的社会联结功能，大力实施在外优秀人才"回引"工程，让本地人才在感情上愿意留、在事业上留得住。积极开展"人才回乡创新创业"等系列活动，建立在外人才信息库，由本地领导干部分类别、分层次对人才进行拜访，积极推介本地重点产业、优势资源、优质项目，引导优秀在外人才回乡创业创新，实现人才资源回引，促进人才效能显现。

（三）加强留才舆论宣传

各地方政府要采取多种形式，大力宣传乡村人才队伍建设的好做法、好经验，强化舆论引导，报道先进事迹，弘扬乡村人才工作业绩，推出一批优秀乡贤能人代表，向社会宣传乡村留用人才的重要性和政策措施，提高社会对乡村留用人才的关注度和支持度，营造乡村留用人才的良好氛围。

可以从以下方面加大宣传力度：一是利用社交媒体平台，如微博、微信、抖音等，发布有关乡村留用人才的新闻、资讯和视频，吸引更多网民的关注和讨论，营造良好的舆论氛围。二是组织开展主题活动，如乡村人才座谈会、乡村人才展示活动等，吸引更多人才参与，让社会更加了解乡村留用人才的工作和生活状态，增强社会对乡村留用人才的认同。三是邀请专家学者进行专题讲座、访谈等活动，介绍乡村留用人才的重要性和政策措施，提高社会对乡村留用人才的认知和理解。四是建立专门的宣传平台，如乡村人才网、乡村人才公众号等，发布有关乡村留用人才的信息和资讯，及时传递信息，提高社会对乡村留用人才的关注度和支持度。

人才资源是推动创新、推动发展的核心要素、活跃因子。抓乡村振兴事业要牢固树立强烈的人才意识，下好人才"先手棋"，抢占人才"制高点"，最大决心引进人才，最大限度用好人才，最大力气留住人才，努力开创"人才支撑发展，发展造就人才"的崭新局面。坚持"不求所有，但求所用"，打破地域、归属等条条框框限制，广招天下英才，助力乡村振兴。

（四）健全留才保障机制

织密"留才"政策网。政策如纲，举纲目张。一方面要坚持把政策支持作为引才、育才、留才的重要抓手，健全完善人才政策体系，结合本地区实际加快研究出台人才工作实施意见、人才发展规划、人才培养引进办法等政策文件，持续抓好政策优化完善，不断增强政策的吸引力、保障力，切实铺通人才政策"最后一公里"。另一方面要健全制度机制，落实"一把手"抓人才工作责任制，深入实施党委书记人才工作项目，将抓人才工作作为各级党委（党组）、领导干部年度考核的重要指标，压紧压实人才工作责任。

健全乡村留才机制，具体可以从以下几个方面入手。一是提升乡村基础设施和公共服务水平，提高乡村生活质量和就业吸引力，让更多的人才愿意留在乡村。二是加强对乡村人才的培养和引进，通过各种途径提高乡村人才的专业技能和综合素质，提升他们的竞争力。三是优化乡村人才发展环境，建立完善的乡村人才激励和保障机制，为他们提供更好的工作和生活条件。四是推进乡村产业升级和转型，提高乡村产业的质量和效益，让乡村人才有更多的就业机会和发展空间。五是加强乡村文化建设和传承，让乡村人才在乡村找到归属感和文化认同感，增强他们的文化自信。六是完善乡村治理体系，提高乡村治理能力和水平，让乡村人才在乡村生活中感受到尊重和关怀。七是发挥政府的引导和支持作用，加大对乡村人才的支持力度，鼓励社会各界参与乡村人才的培养和引进。总之，健全乡村留才机制需要政府、社会、市场等多方面的共同努力，通过多种途径和手段，为乡村人才提供更好的发展环境和条件，让他们在乡村找到归属感和成就感。

第八章 四川攀西民族地区乡村人才振兴典型案例解读

党的二十大报告指出，全面建设社会主义现代化国家，实现中华民族伟大复兴，最艰巨最繁重的任务仍然在农村。人才资源作为第一资源，人才振兴是乡村振兴的基础。做好乡村人才"引、育、留、用"，对乡村振兴有着深远影响。攀西民族地区在实施乡村振兴战略，用好人才资源方面积极探索适合本地的人才策略，取得较好成效。

一、冕宁县建设村的"引路人"

"望得见山，看得见水，记得住乡愁"，这是2013年12月12日习近平总书记在中央城镇化工作会议上对中国梦美丽家园的深情期许，也是人民对美好生活的向往。在凉山州冕宁县就有这样一个村庄：群山环抱的村庄，四周果木成林，一排排红瓦白墙的小别墅掩映其中，安宁河水缓缓流过，波光粼粼的湖面上偶尔跃出几条大鱼，一排排温室大棚里，红的番茄，绿的辣椒，紫色的葡萄散发着诱人的芳香……这就是被称作凉山'华西村'的冕宁县建设村。

曾经的建设村，是远近闻名的贫困村："前面荒滩，后面荒山"是人们对当时建设村的描述；农户生产结构单一，以农业生产为主，人均收入低……穷则思变，在村支部书记金洪元的带领下，干部群众积极探索产业发展新模式，以"资源变资产、资金变股金、农民变股民"的"三变"改革为突破，激发内生动力，蹚出了建设村乡村发展的新路子。

（一）土地流转提效益

土地是农民赖以生存的根本，也是实施乡村振兴战略的基石，如何用好土地资源，发挥其潜力和价值，对实施乡村振兴战略有非常重要的意义。建设村结合本村特点，改变原有的一家一户独立经营的方式，探索出了"农户+合作社+农户"的土地流转新模式，通过土地、产业和资金的复合性转动，将土地资源转化为土地资产，最大限度地释放土地价值。

2010 年，村支书金洪元带领村民成立了专业的土地股份合作社。股份合作社首先是开展土地流转，在村两委引导下，合作社牵头，以"依法、自愿、有偿，不改变土地用途，不损害村民土地承包权益"为前提，按每亩 1 000 元保底价将农户的零散土地量化入股，当年全村 420 户就流转土地达到 1 320 亩，占耕地总面积的 87%。随着土地收益的增加，更多村民将土地流转到合作社，2022 年，全村已经完成高标准土地改造 4 000 多亩。

（二）资金入股增收入

土地入股以后，部分劳动力剩余出来，除了对外输出劳动力以外，为解决部分剩余劳动力的就近就业问题，合作社成立了养殖公司。村民可以通过资金或劳力的方式入股，成为养殖公司股民，领取劳动报酬的同时还可以享受养殖公司红利。同时富裕起来的村民手里开始有闲散资金，为了进一步提高村民收入，村里成立投资公司，村民按照自愿入股的原则，将闲散资金入股投资公司，投资公司将积累起来的资金用于各种投资，收益再以分红的形式回馈股民，拓宽农民增收渠道。

资金变股金。2010 年，投资公司将村民自愿入股筹集到的 2 700 万元，入股参与修建了三合电站，建成当年分红 200 万元以上。随着水电开发效益显著提升，村民们的投资积极性不断增强，他们又入股长兴电站、金洞子电站、龙家沟电站建设，资金入股规模达到 6 000 余万元。随着入股资金的增加，投资公司积极开发新的投资项目，公司利用靠近安宁河谷的地理优势，投资开发建设砂石场，既满足当地及周边城镇化建设过程中对砂石材料的需求，又让股民增加了收益。不仅如此，合作社还投资蔬菜大棚、水果基地等现代设施农业，发展现代养殖业，改善乡村基础设施建设，从而跳出了资源开发恶性循环的怪圈。

如今建设村村民全部拥有了股民身份。村民变股民，不仅仅是身份的转变，还让村民认识到财产性收入的重要性。"现在村民在外打工挣回的钱，基本都投入到合作社。"金洪元说，在建设村，入股分红成了95%以上家庭可靠而重要的收入来源。

（三）合作引领共富裕

2010年，建设村成立农旺种植养殖专业合作社，合作社下设三个公司：养殖公司、种植公司、投资公司。每个公司各司其职，种植公司主要负责村里的土地开发和种植。公司首先投入资金对流转的土地进行高标准农田治理，配套沟渠、水电、道路，以利于发展现代农业。公司对治理后的土地实行集约规模经营，打造现代农业产业园；调整产业结构，主要发展蔬菜大棚、良种水果等现代农业。产业园区实施标准化生产、智能化管理，土地收益比原来提高了15倍。

2020年，为整合资源，由原复兴镇建设村与林里乡丰收村合并形成新的建设村。合并前，两个村人均年可支配收入相差1.2万元以上，是典型的强弱合并。为缩小两村村民收入差距，建设村采取对原丰收村项目资金优先投入、就业岗位优先安排、新建产业优先扶持、优秀人才优先使用等政策，强村带弱村，走向共同富裕。

合作社首先盘活原先的撂荒地，秉持"地域相邻、产业相近、优势互补、合作共赢"原则，将土地统一规划为水果园、蔬菜园、产业园。为实现共同富裕目标，合作社又将改造好的4 000多亩土地按照每家10亩分给400多户村民自行经营。为保证经营效益，合作社对种植户采取"合作社+种植户+电商平台+产业贷款"的运行模式，合作社聘请专业技术人员提供种植技术保障、电商平台拓宽销售渠道，对接金融部门对种植户进行扶持放贷，提供低利息的产业贷款，确保农户有基础发展资金。在大家的共同努力下，全村现已建成大棚3 800亩，建成草莓园、樱桃园、葡萄园、桃园、蓝莓园1 800亩。2022年农业特色产业收入突破1.5亿元。

合作社还不断完善产业结构，推进一、二、三产业融合发展。在一、二产业取得成绩的同时，积极发展第三产业。合作社充分利用资源优势，打造攀西康养旅游第一村。探索出"旅游+文创""旅游+产业"等新模式，打造农文旅新业态。将红色文化、农耕文化、乡愁文化有机融合到山水田园，农文旅融合叠加发力。现已建成精品民宿客栈20家，星级农家乐17家，正在建设四星级湖畔酒店，规划2023年旅游业年收入达1亿元以上。

合作社经过多年的运转，逐渐趋于稳定和成熟，实现比较可观的盈利收入，合作社社员获得了较高的股金回报，建设村村民全部拥有了股民身份，每年保底分红 13% 以上，大大增强了合作社和村集体的凝聚力和向心力。

（四）集体经济推发展

良好的村集体经济可以带动农村经济健康发展，促进农村产业升级、提高乡村发展质量和效益，推动乡村振兴实现可持续发展。建设村村委积极开动脑筋，壮大村集体经济。合作社有集体经济股份，两村合并后，村委将部分闲置资产盘活，壮大集体经济。将村委会活动室、学校、晒场等 1.38 余万平方米的闲置场所改建为农特产品仓储、展销中心、农旅配套设施等，再租赁给企业经营；将 400 亩集体河滩地以资产形式入股田园牧歌旅游公司，大力发展集观光、采摘、休闲、娱乐为一体的生态旅游业；正在建设的湖畔酒店，村民占股 80%，村集体占股 20%，年底按股分红；开展集体资产产权制度改革，将水电路房屋等设施评估作价用于银行贷款，发展现代设施农业和乡村旅游，确保闲置资产合理利用、保值增值。2022 年，村集体经济收入达到 500 万元以上，比 2020 年翻一番。

（五）人才建设助振兴

乡村振兴，人才振兴是关键。建设村制定了一系列措施，引进、培养和留住人才，助力乡村振兴。首先是人才振兴要突出党建引领，成立建设村党委，打造年富力强的村集体班子，将村里最年轻的 24 名党员吸收进村集体班子和村集体经济组织，用他们的活力带动乡村建设事业。其次是加强农村专业人才队伍建设，结合产业发展引进农村短缺的农业职业经理人、经纪人等 121 名。村民不会，就把会的人请过来，尤其是把职业经理人的经营理念、思想观念学过来，这些东西从无到有，对村民们是一个很大的冲击，金洪元强调。

乡村发展要引进外地的优秀人才相对困难，建设村重视本土人才回引，认真打好感情牌，对本村考上大学的学子进行奖励，在他们完成学业后积极鼓励他们运用所学知识参与新农村建设，已陆续回引返乡创业就业大学生、退伍军人等 156 名。

乡村人才振兴，重点是要培养本土人才。土生土长的本地人，总会对自己生长的这片土地有着深厚的感情。建设村提出"生在建设，长在建设，一点一滴为建设"的口号，积极培养本土人才，重点提高他们的专业技能，目前已经扶持培养乡村工匠、"田秀才""土专家"等80名。

如果说回引和培养人才是乡村人才队伍建设的基础，那么，留住人才就是乡村人才队伍建设的关键。为了稳定人才队伍，建设村大力推进一、二、三产业融合发展，用好各类人才，积极为人才提供合适的岗位。目前已为各级各类人才提供就业岗位1 274个，就地就业536人、创业350人。

多年来，建设村村委带领村民一次次创新，实现了"农业高质高效、乡村宜居宜业、农民富裕富足"。2022年，村民人均可支配收入达到4万元以上，2023年全村生产总值有望突破3.5亿元。建设村先后荣获了"国家级美丽宜居示范村庄""国家3A级旅游景区""全省乡村旅游示范村""四川百强名村""四川村集体经济十强村"等荣誉称号。

火车跑得快全靠火车头带。建设村的蜕变，关键依靠村党委/村党支部的引领。建设村党委坚持"实"字当头、"干"字为先，以真抓的实劲、敢抓的狠劲、善抓的巧劲、常抓的韧劲，一心一意谋发展，全心全意为人民谋幸福。"将支部建在产业上"，充分发挥基层党组织的凝聚力、号召力和战斗力，充分发挥党组织引领、党员示范带头作用，推动基层党建与农村产业发展深度融合，使党委/党支部成为带动群众致富增收的坚强"引擎"，成为乡村发展的"主心骨"。

一切的荣耀都属于过去，如今的建设村全面掀起了乡村振兴的新高潮。

二、德昌县招来"归来燕"育出"田秀才"

乡村振兴是国家发展重大战略，人才振兴则是实现乡村振兴的关键支撑和重要保障。德昌县积极探索人才振兴的路径和模式，实施"外引内育"人才战略。坚持引才与育才并重，借助"外力"与激发"内力"相结合，在健全机制"引"、搭建平台"育"、创新方式"用"、强化服务"留"上下功夫，通过刚性引才、柔性引才、本土培养、帮带培育等方式，激活了乡村人才振兴"一池春水"。

（一）筑好政策巢，引进归来燕

1. 完善制度健全机制

德昌县根据实际情况，制定了《德昌县人才发展"十四五"规划》等政策文件，强化责任落实，为人才引进和培养提供指导和支持。县委书记担任县委人才工作领导小组组长，确保人才工作得到高度重视和有效领导。明确人才工作领导小组和人才办等各单位的职责，在工作规则、工作流程、实施细则等方面形成了科学、规范的工作机制。

2. 刚性招引急需人才

建立高层次和急需紧缺人才引进编制"周转池"，用好州县两级引才专项平台，发挥用人单位自主权，提升引才主动性，拓宽精准引才渠道。围绕教育、卫生、农业、林草、自然资源、城乡建设等领域紧缺专技岗位，健全人才引进配套措施。对引进的硕士研究生以上学历人才的聘用，对符合条件的人才落实岗位资金。

3. 柔性招引高端人才

把"招商引资""重大项目建设""农业产业园建设"等与"招才引智"深度融合，按照"不求所有、但求所用"的原则，重点围绕教育、医疗等民生领域和现代农业产业园区等特色产业转型升级和绿色生态产业发展，积极引进一批"星期天"专家型人才。通过挂兼职、联合聘用、定期指导、项目合作交流、讲座论坛、坐诊义诊、人才工作站、科技小院等办法，柔性引进教育、卫生、农业农村、文旅融合等领域高层次专家人才，进一步弥补乡村人才振兴高层次人才不足的短板。

4. 刚柔并济扩展引才

德昌县在人才振兴中采取刚柔并济的策略，通过多种手段扩大引才的覆盖面，以满足不同领域和行业的需求。

首先是实施专项引才行动，如"千名英才智汇凉山"和"百名英才行智汇凤凰城"等计划。聚焦医疗、教育、乡村振兴、农业农村、城乡规划建设和工业企业等重点民生领域，针对不同领域的特点和需求制定相应的引才政策，集中引进高层次、急需紧缺专业人才，实现引才工作的精准和有效。

其次是积极对接重大项目和产业发展需求，以项目合作、互助共建等模式引进人才。主动寻找与重大项目和产业发展相关的人才需求，引进掌握关键技术和专业知识的人才。在满足具体项目和产业需求的同时，促进人才与项目、产业的深度融合，实现优势互补，推动乡村振兴。

此外，德昌县还注重引进"候鸟型"专家，即通过临时性的合作模式引进专业人士，邀请他们提供专业知识和经验，为德昌县的发展提供支持和指导。这种方式特别适用于需要短期咨询、指导或合作的情况，能够及时满足项目和产业发展的需要。

（二）培养"土专家"，育出"田秀才"

1. 注重技能培训

德昌县通过良性政策外引"归来燕"的同时，也不忘本地"土专家""田秀才"的培育。德昌县将乡村振兴领域人才培养纳入"十四五"人才发展规划和全县干部人才教育培训计划，构筑起组织部牵头、组织部和党校抓重点培训、行业部门抓普遍培训和专业化培训的干部人才培训新格局。整合各类培训资源，构建起本地特色产业人才培养体系。通过网络培训课程对基层一线干部和村组干部进行培训；依托县创新创业孵化中心开展农村电商运营项目培训、农村实用人才技能提升培训、种养殖技术专题培训、高素质农民省州县级职业经理人培训、农村实用技术培训；组织涉农专技人才参加省级、州级、县级培训；组织县科技特派团、县农牧产业专家服务团、科技服务队等开展传帮带，到基层一线开展培训，进乡村入农户指导。

2. 创新帮带模式

为了促进县乡互动和"县帮扶乡"，德昌县创新了帮带模式，包括"送技下乡"和"人才五进"等活动。"送技下乡"启动积极推动人才和技术下沉到乡村地区，为农民提供专业培训和技术支持。通过专家的指导和培训，农民能够学习到最新的农业技术和管理方法，提高农业生产效益和农民收入水平。"人才五进"活动则是将人才和专业技术团队进驻乡村，通过实地考察、指导咨询、项目合作等方式，推动乡村农业技能人才的培养，促进乡村产业发展，激发乡村的发展活力。

3. 加强对外合作

德昌县积极推动院校企地合作，与省农科院、川农大等科研院所和高校签订战略合作协议，促进农业技能人才的培养和产业发展。与华西医院、省医学科学院等单位开展广泛合作，进一步提升了医疗卫生领域的人才培养和服务水平。

（三）温情留归雁，平台助秀才

与引才、育才相比，更重要的是留才。长期以来，发达地区对欠发达地区人才"虹吸"效应明显，德昌县采取了一系列关爱人才的举措，建立用才、育才、惜才的长效机制，除了让人才感受青山绿水之外，还多些真情实意，多提供精准服务，多出台和落实优惠政策，让更多人才留下来为乡村振兴献策献力。

1. 完善服务人才联系制度

为了更好地联系和服务高层次人才，德昌县完善了"1+N"服务人才联系制度，让县委掌握高层次人才情况，每名县领导需联系1~2名高层次人才，建立了领导干部与人才之间的直接联系渠道。既加强了领导干部对人才的了解和关注，又能为人才提供更直接、高效的沟通和支持。

德昌县每年至少召开一次人才座谈会议，为人才提供一个交流、分享、发表意见、提出建议的平台；也为了解人才需求和关切提供了机会，县领导能够更加深入地了解人才的实际情况，为人才提供更有针对性的支持和帮助。

2. 搭建人尽其才用人平台

除了引才和育才工作，德昌县还注重营造良好的人才使用环境，构建人尽其才的用人平台。

首先，德昌县在不同领域建设了专门的人才阵地，为人才的培养和发展提供了平台和条件。在医疗领域，德昌县建设了博士生导师、硕士生导师、博士和名专家工作站，选派具有卓越专业知识和丰富经验的高层次人才担任导师。高层次人才与医疗机构紧密合作，促进医疗领域人才的培养和成长。在农业、教育领域，德昌县建成了州级专家工作站（科技小院），为当地的农业和教育发展提供咨询和指导，专家工作站通过组织培训、研究和交流活动，为本地区的农业和教育领域人才的成长提供了良好的学习和交流平台。

其次，德昌县组建了科技特派团、农牧产业专家服务团、科技服务队等团队，在农村和农业企业开展实用技术培训，把一批"土专家""田秀才"推荐和培养成为农村致富带头人和技能型人才，为留才营造良好的生态环境。

3. 制定落实优惠政策

其一，提升人才的安居保障水平。修建了免房租的人才公寓，提供免费或低廉的房租，为人才提供舒适的居住环境。对符合条件的人才给予最高 60 万元的安家补助、最高 1 600 元/月的租房补贴。

其二，实施"凤凰英才卡"制度，为人才提供全方位的服务。"凤凰英才卡"涵盖了政务、医疗、教育、子女入学等方面的服务，持卡人可以享受到政务办理的便利、医疗保健的优惠、子女教育的支持等多项福利。

其三，提供优厚的福利保障。对符合条件的人才给予最高 2 000 元/月的岗位激励金，落实了人才健康体检、春节慰问等制度。这些福利制度体现了对人才的关怀和尊重，增强了他们的归属感和认同感。

（四）为有人才引聚一泉活水，方得乡村振兴"一池春水"

通过各种引才、育才、用才、留才政策和措施，德昌县吸引了一批高层次人才和紧缺专业人才前来发展和工作，培养了一批扎根田间地头的"土专家""田秀才"，为县域经济社会高质量发展和乡村振兴提供强大的智力支撑和人才保障。截至 2022 年年底，德昌县人才振兴战略取得醒目成果，成功激活德昌县乡村振兴"一池春水"。

通过"千名英才智汇凉山"和"百名英才行智汇凤凰城"等专项引才行动，德昌县成功引进了 180 名在医疗、教育、乡村振兴、农业农村、城乡规划建设、工业企业等重点领域掌握关键技术的高层次人才。

通过挂兼职、联合聘用、定期指导、项目合作交流、讲座论坛、坐诊义诊、人才工作站、科技小院等方式，柔性引进教育、卫生、农业农村、文旅融合等领域 25 名高层次专家人才，深入基层一线提供专业技术指导和"传帮带"培养技能人才，为乡村振兴注入"专家智慧"。

围绕教育、医疗等民生领域和省级化工园区、现代农业产业园区等特色产业转型升级和绿色生态产业发展，积极引进"星期天"专家型人才 210 人次，为人才队伍注入新鲜血液。

聚焦乡村振兴一线和急需紧缺专业技术人才，拓宽精准引才渠道，及时补充基层一线服务人才。先后招募社工人才 21 人、"三支一扶""特岗计划"人员 15 人，充实了乡村振兴人才队伍。

依托县创新创业孵化中心等平台，农村电商运营项目培训 98 人、农村实用人才技能提升培训 105 人、种养殖技术专题培训 100 人、高素质农民省州县级职业经理人培训 63 人、农村实用技术培训 1.56 万人次、年度技能人才培训 2 530 人。组织涉农专技人才参加省级骨干培训 6 人、州级调训 54 人、县级培训 460 人次。组织县科技特派团、县农牧产业专家服务团、科技服务队等开展传帮带，到基层一线开展培训 6 期，进乡村入农户指导 42 次。

根据农业农村部、国家发展改革委、退役军人事务部等九部门联合印发的《"我的家乡我建设"活动实施方案》，德昌县拟继续完善人才政策，吸引更多的退休干部、教师、医生、退役军人等回乡参与乡村各项事务管理，带领村民走向共同富裕。

三、仁和区红旗村社会力量服务乡村振兴

乡村振兴是党提出的一项重大战略，是一项长期的历史性任务。乡村振兴战略作为我国决胜全面建成小康社会的重大历史任务和新时代做好"三农"工作的新旗帜、总抓手，实质上是一项高度复杂、任务艰巨的系统工程，不能仅依赖于政府，而是要靠政府、市场和社会等多元主体的共同合作。其中，社会企业、社会组织作为具有高度社会属性的社会力量，是乡村振兴伟业不可或缺的建设性力量，它们能够在组织引领、资源配置、能力建设等方面发挥显著作用。

"产业兴旺、生态宜居、乡风文明、治理有效、生活富裕"，其中产业兴旺是基础。乡村产业振兴在资金、技术、管理理念等方面都极度缺乏，为鼓励、引导社会力量参与乡村振兴，国家出台了一系列政策，撬动社会资本参与乡村振兴。《中共中央 国务院关于全面推进乡村振兴加快农业农村现代化的意见》提出要"撬动金融资本、社会力量参与，重点支持乡村产业发展"；2023 年中央一号文件提出"完善社会资本投资农业农村指引……支持以市场化方式设立乡村振兴基金。健全政府投资与金融、社会投入联动机制……撬动金融和社会资本按市场化原则更多投向农业农村。"

社会资本助力乡村振兴，立足于乡村发展新型产业，一是能创造经济价值，带动乡村产业发展，增加农民就业机会和收入；二是他们可以将自己积累的企业经营理念和管理经验运用到乡村治理领域，提升乡村治理水平，助力乡村组织振兴；三是社会资本助力乡村产业振兴的同时，对乡村环境治理，村容村貌改善会产生较大影响；"仓廪实而知礼节，衣食足而知荣辱"，生活质量的提升能促进乡风文明……

社会力量参与乡村振兴是国家治理的重要变革，尤其是政府和社会力量分工与合作，如何保障社会力量权益的合理化与合法化，形成良性循环，各地都在积极探索适宜的路径。攀枝花市仁和区红旗村积极探索引入社会力量，合理利用开发本村各种资源，促进乡村产业振兴。

（一）红旗村概况

攀枝花市仁和区红旗村得名于三线建设时期，当时该村作为三线建设保障基地之一，为保菜增粮、支援三线建设，全村上下在"不输一口气，努力争红旗"口号的鼓舞下踊跃送粮、竞夺红旗，而后改名"红旗村"。红旗村地理条件优越，距京昆高速高速公路出口仅 1 千米左右，从仁和城区驱车前往仅半小时车程；全村地势落差大，较好地保留了川滇山地乡村风貌特色，森林覆盖率达 80% 以上，拥有攀枝花距离城区最近的原始森林，山地、林地、果园等资源较为丰富。乡村地势落差大，不同海拔适宜种植不同果树，芒果、樱桃、红心柚、李子等水果种植较为普遍。这里还有承载了三线建设时期后勤保障文化、红色传承文化、知青岁月等一系列红色历史文化的冉家大院。优越的地理条件，丰富的生态资源加上富有底蕴的红色文化资源，红旗村在促进城乡融合发展方面探索出符合本村特色的产业发展道路。

（二）社会力量助力产业振兴

"不输一口气，努力争红旗"，红旗村人牢记先辈们的嘱托，红旗村人一直在努力。依靠种养殖业，2021 年，红旗村村民人均收入突破了 22 000元。随着种养殖业的逐渐饱和，农村要发展，农民要富裕，需要找到新的经济增长点，红旗村人积极开动脑筋，充分挖掘当地文旅资源，积极引入社会资本，促进城乡融合发展，推进乡村全面振兴，为推动攀枝花共同富裕试验区建设筑牢根基。目前正在打造的具有红旗村特色的"田园综合体"项目，就是社会资本与当地政府共同合作的。"田园综合体"项目以"田园红旗，山水新村"为主题，从红旗村口到原始森林，打造一条十余千米的乡村旅游轴线，该轴线将冉家大院、夫妻树、溪驻山宿、原始森林等"红旗十景"串在一起，将红旗村产业发展从"1.0 版本"提升到"3.0 版本"。

由于离城市近，很多村民都进城务工并将家安在城里，村里闲置住宅多起来，部分地理位置较好的村民自发改造建起了特色民宿。但是在离村子较远的地方，由于交通相对落后，村民基本都常住城市，闲置房屋逐渐破败。而这些房屋离原始森林很近，空气清新且相对独立，房屋本身也具有川滇民宿特色，很适合发展特色民宿。但是村民和村委都没有资金进行开发改造，为了有效利用资源，村委会积极开动脑筋，引进社会力量打造开发特色民宿。溪驻山宿便是其中之一。

溪驻山宿投资人之一刘彬看中红旗村自然景色优美，村民闲置房屋具有一定的特色，斥资在红旗村打造融康养、旅游、休闲度假于一体的高端民宿。民宿在保持原有住宅的原貌基础上邀请设计师精心设计，精细选材，将人与自然和谐共生理念融入民宿之中。为提升民宿层次，又结合民宿本身特色将不同文化元素融入民宿之中，大大提升民宿品质。目前红旗村以溪驻山宿为立足点，以4个不同风格的山居民宿为主要载体，引进社会资金修建改造川滇特色民宿集群共18栋，打造出集养生养老、田园观光、康养度假、亲子游乐、禅意文化、健康生活于一体的特色乡村旅游示范区。

除了文旅产业，红旗村还积极走三产融合道路，引进社会资金促进农业发展，提升农业综合效益。红旗村原有红旗农场，但由于缺少资金，缺乏现代经营理念，农场经营效益并不好。社会力量进入以后，投入资金对农场进行升级改造，采用现代农业经营理念经营，提升农产品产量和质量，使农场经济效益大大提升。同时将旅游与农产品采摘体验有效结合，吸引了很多外地康养人群和本地市民周末到此度假、休闲娱乐，农场经济效益得到提升。

社会资金的引进又带来新的社会力量。为了更好地开发和利用资源，红旗村引进专业团队对村庄发展进行科学规划，结合本村地形及村貌现状，围绕乡村旅游轴线，将全村分为样板区、提质区、造势区和标杆区4个区域进行打造，预计总投资2亿元。

目前，红旗村已获评"四川省第三批乡村治理示范村""攀枝花市乡村振兴示范村"。下一步，红旗村将继续围绕三大特色产品线，进一步吸引社会资本前来投资农文旅融合发展项目，提升美丽宜居环境指数，加快城乡融合发展步伐，绘就乡村振兴新画卷，成为"回归田园"的首选地、打卡地，让共同富裕之路更有基础、更有底气、更有成色。

（三）栽下梧桐树 引来金凤凰

1. 完善政策提供保障

社会力量参与乡村振兴战略，特别是在以社会资本投资为主乡村产业振兴方面，社会力量的主体意识还不是很强烈，主要原因是有很多后顾之忧。各地应积极完善社会资本参与乡村产业振兴的政策，解除他们的后顾之忧。红旗村在引入社会力量参与乡村特色民宿打造时，为解决社会资金投资人的后顾之忧，村委会首先将村民闲置的宅基地流转到村集体，村集体再将其交给社会资本开发，解除投资人担心未来村民后悔的忧虑。其次是在税收政策方面适当给予优惠政策。乡村产业一般规模较小，很难产生大规模效益，产业投资回收周期长，适当的政策扶持能够增强投资人的积极性。最后，完善政策，规范社会力量助力乡村振兴行为，营造良好的投资环境和投资条件，才能促进乡村产业发展的长久性与稳定性。

2. 提升服务吸引社会力量

完善的基础设施和公共服务体系是吸引社会力量投资乡村产业的基础。地方应做好交通运输、水电线路管网及通信设施设备保障。同时做好服务型政府建设工作，为投资人创造各种便利条件，吸引社会力量投资创业。

3. 乡土情怀聚力乡村振兴

乡村产业振兴，需要资金，更需要一大批懂技术、会经营、善管理、有较强市场把控能力且有乡村情怀的人才。20世纪从农村出去打拼取得成功的一部分人，积累了较为丰富的经验和财富之后，随着农村居住环境和营商环境的改善，他们会将农村作为他们居住和创业的热土。各地应积极利用他们的乡土真情，引导他们回乡创业，带动乡村创新发展。

乡村振兴战略，为社会力量参与乡村发展提供了发挥自身优势和实现自身目标的机会，同时也给乡村注入了新的活力和新鲜血液。

乡村振兴是一篇大文章，需要更多人共同书写。目前乡村需要大量的有技术、懂生产、懂市场、善经营、爱农业、有农村情怀的新型人才，让他们成为带动农村发展和农民致富的"领头羊""引路人"，实现"产业振兴、人才振兴、文化振兴、生态振兴、组织振兴"的总目标。

四、米易县攀莲镇新乡贤创办家庭农场赋能乡村振兴

2022年12月习近平总书记在中央农村工作会议上所强调的："全面推进乡村振兴、加快建设农业强国，是党中央着眼全面建成社会主义现代化强国作出的战略部署。强国必先强农，农强方能国强。没有农业强国就没有整个现代化强国；没有农业农村现代化，社会主义现代化就是不全面的。"全面推进乡村振兴、加快建设农业强国，广大新时代乡贤在推动乡村产业、人才、文化、生态、组织振兴与乡村治理中发挥着不可或缺的积极作用。

"新乡贤"是指在乡土社会中有影响力和号召力的社会贤达。他们自身具有一定知识水平、道德修养、教育程度和经济实力，在乡村社会发展中占据重要地位，他们能够积极响应乡村振兴战略，是引领乡村社会发展进步的乡村能人。在过去的几年里，米易县攀莲镇注重培养新型乡贤，通过乡贤引领带头作用，发展现代农业、培育新型农业经营主体，以推动农村经济的转型升级和农民收入的增加，赋能乡村振兴。

（一）创办家庭农场助推乡村振兴

米易县攀莲镇位于中国四川省攀枝花市的北部，地理环境得天独厚，这里拥有丰富的自然资源和独特的生态环境，气候温和湿润，土地肥沃，适宜农业发展。攀莲镇立足本地资源，结合市场需求，积极鼓励、吸引各类人才创办种养结合、生态循环，农机一体、产业融合等多种模式的家庭农场。

家庭农场是以家庭成员为主要劳动力，以家庭为基本经营单元，从事农业规模化、标准化、集约化生产经营的现代农业经营方式。相比传统的大型农业企业，家庭农场由于规模较小、经营灵活，能够更迅速地调整生产结构以适应市场的变化。家庭农场能够根据市场需求和消费者偏好，灵活地选择农作物和养殖品种，进行合理的种植和养殖布局，从而提高农产品的供给效率和质量。

1. 杨在英家庭农场

走进位于攀莲镇水塘村的杨在英家庭农场，一排排温室大棚依次排

开，在阳光下银光闪闪，熠熠生辉。大棚里红红绿绿的果实散发出诱人的香味。

杨在英家庭农场成立于2017年，现在已经形成了一个种养融合发展的现代化家庭农场。

农场根据市场需求和消费者偏好选择主要种植品种。杨在英家庭农场的种植业中，西红柿是主要的经济作物之一，采用温室大棚种植，并运用科学管理和精细化种植技术，西红柿种植不受季节限制，可以全年生产。为确保产品的竞争力和市场占有率，家庭农场注重品种选择和品质管理，选择多个优质品种的西红柿间种套种。

除了西红柿，杨在英家庭农场充分利用丰富的阳光和温暖的气候条件发展了芒果种植业。

在养殖业方面，杨在英家庭农场利用资源，主要发展山羊和生猪养殖。山羊的养殖不仅提供了丰富的肉类产品，还可以利用其羊毛、羊绒等副产品，增加收入来源。农场利用种植业衍生品，通过合理的饲养管理和饲料配给，保证山羊的健康生长和肉质。同时，农场还引进了现代化的生猪养殖技术，通过规模化养殖和科学管理，提高生猪的生长速度和肉质品质。

目前，场内共种植西红柿90余亩、芒果15亩，养殖山羊100余只、生猪20余头，农场年产值达450余万元。

2. 海艳家庭农场

海艳家庭农场由丁海东夫妇创办，他们利用独特的地理优势，在攀莲镇发展跑山土乌鸡养殖业。农场目前养殖了5 000余只鸡，每天可获得1 000余枚鸡蛋。同时，农场利用鸡粪来种植枇杷、柑橘、樱桃等果树，形成了种养结合的发展模式，实现了资源的循环利用。在政府的帮助下，农场通过电商平台，将产品销往全国各地，农场的年产值大约为120万元。

3. 其他家庭农场

除了杨在英家庭农场和海艳家庭农场，攀莲镇还涌现出其他许多由新乡贤创办的家庭农场。这些家庭农场涵盖了时令蔬菜、特色水果、肉产品养殖、水产养殖等领域，形成了多样化的农业产业格局。

家庭农场在种植养殖过程中，不断学习、探索先进的种植技术和管理模式，提高农产品的产量和质量。一些家庭农场则利用当地的自然资源和特色农产品，打造了独具特色的农业品牌，通过市场营销和品牌推广，实现了农产品的增值和品牌效应。

家庭农场这种种养结合的产业结构模式，不仅充分利用了土地和资源，实现了农业生产的综合效益，也为农民提供了稳定的就业机会和增加收入的途径。这种多样化的经营模式不仅提高了农场的经济效益，还有助于推动农业供给侧结构性改革，推动农村经济的转型升级。除了经济效益，家庭农场也积极追求社会效益。首先，农场为当地提供了就业机会，吸纳了部分农村剩余劳动力，为当地农村经济的发展注入了新的活力。农场员工可以在家门口就业，避免了外出务工带来的分离和不便。此外，农场注重员工的培训和职业发展，提高了农民的技能水平和就业能力，增强了他们的就业竞争力。

家庭农场的经营模式注重环境保护和可持续发展。农场采用科学的农业管理方法，合理利用土地和水资源，实施有机肥料和绿色防控技术，减少化肥和农药的使用，有效改善了农田生态环境。此外，农场还注重农作物的品质和安全，严格遵守食品安全标准，确保农产品的质量和安全性，赢得了消费者的信任和口碑。

家庭农场的经济效益和社会效益相辅相成，为农民增加了收入，促进了乡村经济的发展，同时也保护了环境和提升了农产品的质量。农场的成功经验和可持续发展的模式为其他农民创办家庭农场提供了有益的借鉴，同时也为乡村振兴战略的实施提供了有力的支撑。2023 年 6 月，经四川省农业农村厅推介，杨在英家庭农场被评为四川省第一批 "10+1" 家庭农场典型案例。

（二）米易县攀莲镇家庭农场的成功经验

1. 加强引领

攀莲镇在家庭农场的引领创办方面采取了一系列有效的措施。乡村振兴战略的实施为家庭农场的发展提供了政策支持和指导。政府积极鼓励、吸引乡贤等优秀人才创办家庭农场，并提供相关的产业扶持政策和金融支持。

2. 系统培训

攀莲镇建立了家庭农场的培训机制，向创办者传授专业的技术和相关管理知识。培训内容涵盖种植技术、养殖管理、市场营销等方面，帮助创办者掌握农业生产的最新科学技术和市场动态，提高农产品的质量和竞争力。

系统化培训的重要意义在于提升了家庭农场创办者的综合素质和经营

能力，使他们能够灵活应对市场需求的变化，适应现代农业发展的要求。此外，培训还促进了农业科技的推广和应用，推动了农业生产方式的转变和升级。这种培训帮助创办者提高了农业生产和管理水平，提升了家庭农场的竞争力和可持续发展能力。

3. 精准帮扶

攀莲镇实施精准化帮扶措施，针对不同家庭农场的需求和特点，提供个性化的支持和帮助。通过调研和分析，政府和相关部门为家庭农场提供有针对性的政策支持、技术指导和市场开拓等方面的帮扶。

精准化帮扶的措施包括财政资金的扶持、科技专家的指导、市场销售的对接等。政府通过金融扶持政策，提供贷款、补贴等资金支持，帮助家庭农场解决资金问题。同时，通过派出专业的农技人员和专家团队，为家庭农场提供技术咨询和指导，帮助他们解决生产和管理中的问题。如建立农产品电商平台、开展农产品线上线下联动销售等，以提高产品的知名度和销售额。同时，政府积极协调解决家庭农场在土地、用水、用电等方面的问题，为其提供便利条件，推动其生产经营的顺利进行。

在精准帮扶的过程中，攀莲镇注重与家庭农场建立长期稳定的合作关系。政府与家庭农场签订协议，明确双方的权责义务，确保帮扶政策的落实和效果的持续。定期开展评估和检查工作，对家庭农场的发展情况进行跟踪监测，及时发现问题并提供帮助和支持。

此外，攀莲镇政府还积极引入社会资源，搭建家庭农场交流平台，促进家庭农场之间的互动合作。组织家庭农场代表参加行业协会、农业合作社等组织，开展经验交流和合作研究，共同探索乡村振兴的路径和模式。政府还鼓励家庭农场与当地旅游、文化等产业相结合，发展农业观光、农家乐等特色农业旅游项目，提升农村地区的综合发展水平。

通过精准帮扶，攀莲镇为家庭农场创办者提供了全方位、多层次的支持和服务，助力他们克服了创业中的困难和障碍，取得了可喜的成绩。这种精准的帮扶模式，不仅有效推动了家庭农场的发展，也为乡村振兴战略的实施提供了有力支持。同时，这一经验也可为其他地区在乡村振兴中实施精准化帮扶提供借鉴和参考，进一步推动我国农村经济的蓬勃发展。

4. 强化管理

攀莲镇采取了一系列常态化管理的措施，以确保家庭农场的良好运营和可持续发展。

首先，政府建立了健全的家庭农场管理体系，制定了一系列相关规范和标准。这些规范涵盖了生产、质量、安全、环境等方面的要求，为家庭农场提供了明确的指导和标准。政府加强对农产品质量和安全的监管，确保农产品符合相关标准和法规，增强了消费者对家庭农场产品的信心。

　　其次，常态化管理涵盖了家庭农场的生产经营、技术服务和市场营销等方面。政府与家庭农场建立了定期的沟通和协作机制，通过走访、座谈会等形式了解家庭农场的经营状况和需求，及时提供帮助和支持。政府还组织专业人员为家庭农场提供技术服务和指导，帮助他们解决生产中的问题，并提供市场信息和对接渠道，促进产品的销售和推广。

　　在常态化管理中，政府还注重解决家庭农场面临的问题和困难。针对家庭农场在生产、销售、融资等方面可能遇到的困难，政府提供精准化的帮助和支持，帮助家庭农场克服发展中的障碍。例如，政府通过金融扶持政策，为家庭农场提供贷款、补贴等资金支持，解决资金问题；通过组织农业合作社或农民专业合作社，帮助家庭农场实现规模化经营，降低生产成本，提高效益。

　　通过引领创办、系统化培训、精准化帮扶和常态化管理等有机结合的措施，攀莲镇成功促进了家庭农场的发展，为乡村振兴做出了积极的贡献。这些成功经验不仅可以为其他地区的乡村振兴提供借鉴，也为农民创办家庭农场提供了宝贵的经验和启示。通过政府的支持和农民的努力，家庭农场在乡村振兴中展现出了巨大的潜力和价值，为农村经济的发展和农民收入的增长提供了新的路径和动力。

　　在镇政府的积极帮助和引导下，攀莲镇新乡贤创办的家庭农场在农业产业结构调整、农民收入增长和乡村振兴中起到了积极的推动作用。目前以乡贤为主力的家庭农场已成为该镇农民收入的增长点、产业兴旺的着力点、农业供给侧结构性改革的试验田，在推进乡村振兴等方面发挥重要作用。

参考文献

曹丹丘，2020. 乡村人才振兴的现实困境与路径探索：以青岛市为例 [J].
　农业现代化研究，41（2）：181-189.

陈春霞，2019. 新型职业农民胜任素质模型构建及培育路径研究 [D]. 上
　海：华东师范大学.

陈斯佳，张明生，赖齐贤，2020. 浙江乡村振兴十大典型模式分析 [J]. 浙
　江农业科学，61（2）：390-394.

陈治红，2021. 凉山扎实推动产业工人队伍建设改革 [N]. 凉山日报，01-
　02（1）.

董政丰，2013. 城乡一体化进程中社会管理创新研究：以温州模式为例
　[J]. 商业时代（33）：108-109.

恩和特布沁，2011. 当代中国少数民族人才开发研究 [D]. 北京：中央民
　族大学.

傅静之，2019. 嘉兴高质量打造乡村振兴示范地 [N]. 浙江日报，01-
　17（2）.

高玉枝，2023. 乡村振兴视角下基于"量-质"耦合乡村人才评价及优化
　对策研究 [J]. 农村经济与科技（6）：127-129.

苟文峰，2019. 乡村振兴的理论、政策与实践研究 [M]. 北京：中国经济
　出版社.

郭星华，王嘉思，2011. 新生代农民工：生活在城市的推拉之间 [J]. 中
　国农业大学学报（社会科学版），28（3）：5-10.

韩克勇，孟维福，汪小愉，2022. 日本乡村振兴发展模式创新的经验与启
　示 [J]. 江西师范大学学报（哲学社会科学版），55（4）：74-82.

韩兆柱，杨洋，2013. 整体性治理理论研究及应用 [J]. 教学与研究（6）：
　80-86.

韩兆柱，张丹丹，2017. 整体性治理理论研究：历程、现状及发展趋势[J]. 燕山大学学报（哲学社会科学版），18（1）：39-48.

何雨辰，郑兴明，2023. 习近平关于乡村人才振兴重要论述：生成逻辑与实践进路[J]. 黑龙江工业学院学报（综合版）(4)：96-101.

胡锦涛，2012. 坚定不移沿着中国特色社会主义道路前进 为全面建成小康社会而奋斗：在中国共产党第十八次全国代表大会上的报告[N]. 人民日报，11-18（2）.

胡钰，赵平广，2022. 文化、人才、资本：乡村振兴的基本要素研究[J]. 行政管理改革（11）：34-43.

赖光宝，赵邦宏，2015. 基于"推拉理论"的农村人口流动原因探讨：以河北省为例[J]. 商业经济研究（17）：48-49.

赖燕萍，2008. 对加强农村实用人才队伍建设的思考[J]. 农业科研经济管理（4）：24-26.

李博，2020. 乡村振兴中的人才振兴及其推进路径：基于不同人才与乡村振兴之间的内在逻辑[J]. 云南社会科学（4）：137-143.

李海金，焦方杨，2021. 乡村人才振兴：人力资本、城乡融合与农民主体性的三维分析[J]. 南京农业大学学报（社会科学版），21（6）：119-127.

李怀瑞，邓国胜，2021. 社会力量参与乡村振兴的新内源发展路径研究：基于四个个案的比较[J]. 中国行政管理（5）：15-22.

李俊霞，2020. 四川乡村振兴人才支撑战略研究[M]. 成都：西南财经大学出版社.

李俊霞，2021. 四川乡村产业振兴人才队伍建设的对策研究[J]. 四川农业与农机（5）：19-22.

李丽莉，2016. 吉林省农村实用人才政策现状及完善对策研究[J]. 改革开放（6）：85-87.

李晟，樊亚东，2023. 推拉理论视角下乡村人才振兴发展研究[J]. 河北农业（7）：60-61.

李守身，黄永强，2001. 贝克尔人力资本理论及其现实意义[J]. 江淮论坛（5）：28-35.

李义平，2002. 人力资本理论的脉络及其现实启迪[J]. 国家行政学院学报（3）：39-42.

李玉龙，2022. 电商人才培养助力乡村振兴的可行性路径研究 [J]. 农业经济 (9)：111-112.

凉组宣，2023. 初心如磐担使命 倾情帮扶强振兴 [N]. 凉山日报，08-23 (1).

林月丹，2021. 乡村振兴背景下农村基层干部素质提升研究 [J]. 农业经济 (6)：75-77.

刘成文，张英魁，2008. 破解新农村建设中的人才流失难题刍议：以 ERG 理论为视角 [J]. 江西农业大学学报（社会科学版）(1)：43-47.

刘贺，2023. 乡村振兴战略视域下乡村人才队伍建设研究 [D]. 沈阳：辽宁大学.

刘立红，刘增安，张素娟，2021. 职业教育服务乡村旅游人才培养存在的问题与策略 [J]. 教育与职业 (23)：70-74.

刘涛，2021. 郑州市乡村人才振兴的探索实践及优化对策 [J]. 中共郑州市委党校学报 (3)：83-87.

刘文静，2022. 乡村振兴背景下农村会计人才培养模式的优化路径 [J]. 农业经济 (5)：88-89.

刘照哲，2022. 乡村振兴战略背景下农村创新创业人才建设问题研究：以山东 Y 县为例 [D]. 北京：北京化工大学.

刘志琴，2020. 新时代乡村振兴的科学内涵与策略 [J]. 农村经济与科技，31 (4)：261-262.

鲁倩，马婷婷，2021. 乡村振兴背景下人才振兴路径研究 [J]. 安徽农学通报，27 (11)：1-3.

吕雨桐，汪召静，朱慧盈，等，2023. 新乡贤参与乡村治理的"三维赋能"模式研究 [J]. 智慧农业导刊 (3)：123-127.

马赛萍，2020. 试论乡村振兴中民族地区人才培养和使用：以闽东畲族地区为例 [J]. 福建省社会主义学院学报 (6)：104-109.

马永全，2022. 论乡村教师作为乡村公共服务人才 [J]. 教师教育研究，34 (3)：27-32.

孟望生，刘发跃，2016. 人力资本投资理论回顾与评述 [J]. 生产力研究 (11)：153-156.

你阿木，2022. 绿色产业带来金山银山 [N]. 凉山日报（汉），03-10 (3).

盅慧霞，陈涛，2023. 乡村振兴背景下人才回流的困境及对策研究：以广

西恭城县为例 [J]. 延边党校学报 (3)：63-67.

裴英凡，2022. 乡村振兴背景下农村实用人才建设探究 [J]. 人才资源开发 (17)：43-54.

彭迪云，王玉洁，冯怡，2023. 新时代中国整体性治理的理论意蕴与实践路径 [J]. 中国井冈山干部学院学报，16 (3)：113-122.

彭杰，2022. 新形势下服务乡村振兴农业科研人才发展路径研究 [J]. 江苏农业科学，50 (11)：260-264.

齐文浩，齐秀琳，2023. 社会力量助推乡村振兴：机制、障碍与因应策略 [J]. 农业经济问题 (3)：62-71.

钱再见，汪家焰，2019. "人才下乡"：新乡贤助力乡村振兴的人才流入机制研究：基于江苏省 L 市 G 区的调研分析 [J]. 中国行政管理 (2)：92-97.

任金帅，2012. "归农运动"与乡村建设人才思想的转变 [J]. 华中师范大学学报（人文社会科学版）(4)：16-23.

人民日报评论部，2023. 强国必先强农，农强方能国强 [N]. 人民日报，01-11 (5).

宋艳琼，2021. 乡村振兴背景下职业农民胜任素质模型构建及培养路径研究 [J]. 黑龙江粮食 (7)：68-69.

滕明雨，2019. 乡村振兴战略下"一懂两爱"人才培养理论实践研究 [M]. 北京：中国社会科学出版社.

田富，2021. 乡村振兴背景下渝东南民族地区人才振兴问题研究 [J]. 广西城镇建设 (8)：44-46.

王富忠，2020. 乡村振兴战略视域下乡村人才机制建设研究 [J]. 农业经济 (8)：48-50.

王国峰，2020. 服务乡村振兴的人才联合培养：西财经大学乡村振兴学院为例 [J]. 山西财经大学学报 (11)：74-86.

王金教，2022. 乡村振兴视域下乡村人才的引、育、留、用机制建设研究 [J]. 农村经济与科技 (23)：196-199.

汪琦青，2021. 乡村人才振兴现状及实施路径 [D]. 温州：温州大学.

王曙华，严华峰，2023. 州人社局强举措培育技能人才 [N]. 凉山日报，02-20 (2).

王思瑶，马秀峰，2022. 场域理论视角下职业教育赋能乡村人才振兴的作用机理与实践路径［J］. 教育与职业（3）：27-34.

王武林，包滢晖，毕婷，2021. 乡村振兴的人才供给机制研究［J］. 贵州民族研究，42（4）：61-68.

王鑫，2023. 乡村振兴视阈下乡村人才建设的困境及路径探析［J］. 农村经济与科技，34（3）：177-180.

王彦飞，2020. 甘肃省乡村振兴人才引育路径：以天水市为例［J］. 天水行政学院学报，21（5）：45-50.

王旸，2022. 乡村振兴背景下农业科技人才队伍建设问题研究：以 S 镇为例［D］. 保定：河北大学.

王怡涵，何得桂，2022. 在乡村振兴中"留住乡愁"：价值、困境与路径［J］. 理论月刊（10）：56-64.

王应宽，蒲应燕，2021. 如何推进人才振兴为乡村振兴提供支撑［J］. 科技导报（23）：36-47.

卫小将，黄雨晴，2022. 乡村振兴背景下农村社会工作人才队伍建设研究［J］. 中共中央党校（国家行政学院）学报，26（1）：104-112.

伍万云，褚卫东，王雅雯，等，2022. 乡村振兴视域下欠发达区域农业科技人才队伍建设研究［J］. 生产力研究（6）：71-77.

武小龙，王涵，2023. 农民数字素养：框架体系、驱动效应及培育路径：一个胜任素质理论的分析视角［J］. 电子政务，2023（8）：105-119.

习近平，2017. 决胜全面建成小康社会 夺取新时代中国特色社会主义伟大胜利：在中国共产党第十九次全国代表大会上的报告［N］. 人民日报，10-28（2）.

习近平，2022. 高举中国特色社会主义伟大旗帜为全面建设社会主义现代化国家而团结奋斗：在中国共产党第二十次全国代表大会上的报告［M］. 北京：北京出版社.

习近平，2022. 坚持把解决好"三农"问题作为全党工作重中之重举全党全社会之力推动乡村振兴［J］. 创造，30（5）：1-8.

谢文琼. 基于整体性治理理论的海南省美丽乡村建设研究［D］. 海口：海南大学，2019.

辛宝英，安娜，庞嘉萍，2019. 人才振兴：构建满足乡村振兴需要的人才体系［M］. 郑州：中原农民出版社，北京：红旗出版社.

徐春梅，吕莉敏，2022. 职业教育服务乡村人才振兴的价值追求与功能定位研究［J］.中国职业技术教育（12）：32-37.

徐箭明，2023.冕宁建设村：盘活"三块地"农旅产业有收入［N］.凉山日报（汉），01-01（3）

徐进，2021乡村振兴推进新型职业农民培育的现实挑战与实现路径［J］.教育与职业（1）：83-89.

胥克钰，2023.德昌县谱好乡村人才振兴"三部曲"［N］.凉山日报（汉），02-23（3）.

徐学庆，2022.乡村振兴背景下新乡贤培育的路径选择［J］.学习论坛（6）：85-90.

许骥坤，2022.新时代乡村振兴之农村实用人才带头人［M］.北京：中国农业科学技术出版社.

严巧巧，严云潇，2022.基于粮食安全的新店镇耕地撂荒整治调查研究［J］.四川农业与农机（5）：64-65，67.

杨柳，杨帆，蒙生儒，2019.美国新型职业农民培育经验与启示［J］.农业经济问题（6）：137-144.

央青，2023.高素质农民培训助力乡村振兴［N］.凉山日报，08-08（7）.

叶庆兴，2017.实现国家现代化不能落下乡村［J］.中国发展观察（21）：10-12，27.

叶兴庆，程郁，于晓华，2019.德国如何振兴乡村［J］.农业工程技术39（21）：49-52.

余侃华，魏伟，2023.基于乡村振兴的人才机制反思与模式建构：以韩国"归农归村"计划为镜鉴［J］.国际城市规划（2）：24-30，47.

易星辰，邹太龙，何翠梅，等，2013.青年人才参与乡村振兴的逻辑转向、问题表征与推进策略［J］.教育科学论坛（23）：12-15.

张金山，彭述华，袁航，2019.人力资本理论及对我国乡村振兴的启示［J］.税务与经济（3）：38-44.

张俊，李莉，2022.乡村人才使用效率时空分异与动态演进：基于安徽地市层面的经验考察［J］.集美大学学报（哲学社会科学版）（6）：15-26.

张静宜，陈洁，2021.强化乡村人才支撑有效供给 实现脱贫攻坚乡村振兴有效衔接［J］.宏观经济管理（8）：54-60.

张千友，李浩森，杜玥桥，等，2018.少数民族贫困地区水电矿产资源开发资产收益扶贫模式研究：以凉山州冕宁县建设村"政府+合作社+项目+

农户"模式为例 [J]. 西昌学院学报（自然科学版），32（1）：45-49.

张秋玲，2019. 德国乡村多元化发展对我国乡村振兴的启示 [J]. 农家书屋（4）：42-43.

张帅，2020. 基于乡村振兴战略的农业科技人才开发研究 [D]. 长沙：湖南农业大学.

张小永，王军锋，苑秀芹，等，2022. 江西省乡村人才振兴的经验及对我省的启示：基于"一村一名大学生工程"的研究 [J]. 陕西开放大学学报，24（1）：5-10，17.

张子睿，2021. 乡村振兴人才创新思维与基础创新方法 [M]. 北京：民主与建设出版社.

赵明，2023. 乡村振兴背景下人才振兴问题研究 [J]. 江苏商论（8）：136-138.

赵茜，2013. 论我国地方政府部门间关系的协调与整合：整体性治理理论视角 [D]. 北京：首都经济贸易大学.

赵晓露，张小楠，2018. 建设美丽乡村要打好"人才牌" [J]. 人民论坛（19）：64-65.

中共四川省委，四川省人民政府，2021. 关于全面实施乡村振兴战略开启农业农村现代化建设新征程的意见 [EB/OL]. （03-01）. http://www.lsdc.gov.cn/zfxxgk_85/fdzdgknr/zdmsxx/zdms_xczx/xczx_zccs/202211/t20221102_2356886.html.

中共中央国务院，2018. 关于实施乡村振兴战略的意见 [EB/OL]. （01-02）[05-09]. https://www.gov.cn/gongbao/content/2018/content_5266232.htm.

中共中央国务院，2019. 关于促进乡村产业振兴的指导意见 [EB/OL]. （06-17）[04-30]. https://www.gov.cn/gongbao/content/2019/content_5407659.htm.

中共中央国务院，2021. 关于全面推进乡村振兴加快农业农村现代化的意见 [EB/OL]. （01-04）[04-23]. https://www.gov.cn/gongbao/content/2021/content_5591401.htm.

中共中央国务院，2022. 关于做好2022年全面推进乡村振兴重点工作的意见 [EB/OL]. （02-22）[06-30]. http://www.gov.cn/zhengce/2022-02/22/content_5675035.htm.

中国政府网, 2008. 国务院关于解决农民工问题的若干意见 [EB/OL]. (03-28) [01-20]. https://www.gov.cn/zhengce/content/2008-03/28/content_6668.htm.

朱彬彬, 梁冰, 缪雄, 2021. 基于现代农业发展的新型职业农民胜任力素质模型的构建 [J]. 科技风 (1): 156-158.

朱丽, 2023. 文旅融合视域下旅游人才服务乡村振兴路径研究 [J]. 农村经济与科技 (2): 181-184.

MCCLELLAND D C, 1973. Testing for competence rather than for "Intelligence" [J]. American Psychologist, 28 (1): 1-14.

ROTHWELL W J, LINDHOLM J E, 1999. Competency identification, modelling and assessment in the USA [J]. International Journal of Training and Development, 3 (2): 90-105.

SPENCER L M, SPENCER S M, 1993. Competence at work: Models for superior performance [M]. New York: John Wiley & Sons, Inc.

TERRENCE H, 1999. The meanings of competency [J]. Journal of European Industrial Training, 23 (6): 275-285.

WHITE R W, 1959. Motivation reconsidered: The concept of competence [J]. Psychological Review, 66 (5): 297-333.